放下即幸福

林清玄启悟
人生系列

——

林清玄禅意散文

解人生八万四千烦惑

——

林清玄／著

长江出版传媒｜长江文艺出版社

图书在版编目（ＣＩＰ）数据

放下即幸福 / 林清玄著. -- 武汉：长江文艺出版
社，2019.1
（林清玄启悟人生系列）
ISBN 978-7-5702-0041-2

Ⅰ. ①放… Ⅱ. ①林… Ⅲ. ①散文集－中国－当代
Ⅳ. ①I267

中国版本图书馆 CIP 数据核字(2017)第 294540 号

湖北省版权局著作权合同登记号：17-2013-069

本书由台北九歌出版社有限公司授权出版

责任编辑：孙　琳　　孙晓雪　　　　责任校对：陈　琪
装帧设计：壹　诺　　　　　　　　　责任印制：邱　莉　杨　帆

————————————————————————————

出版：　长江出版传媒　　长江文艺出版社
地址：武汉市雄楚大街 268 号　　　　邮编：430070
发行：长江文艺出版社
电话：027—87679360
http://www.cjlap.com
印刷：湖北新华印务有限公司

————————————————————————————

开本：880 毫米×1230 毫米　　　1/32　　印张：8　　插页：2 页
版次：2019 年 1 月第 1 版　　　　2019 年 1 月第 1 次印刷
字数：180 千字

————————————————————————————

定价：39.80 元

————————————————————————————

第一辑 日日是好日

第二辑　沉静的力量

第三辑　重的东西，轻轻放下

第四辑　准备好微笑

第五辑　像风一样自由

第一辑

日日是好日

禅悟，

其实就是一个人内在的革命

不是茶

日本茶道大师千利休，是日本无人不晓的历史人物，他的家教非常成功，千利休家族传了十七代，代代都有茶道名师。

千利休家族后来成为日本茶道的象征，留下来的故事不计其数，其中有三个故事我特别喜欢。

千利休到晚年时，已经是公认的伟大茶师，当时掌握大权的将军秀吉特地来向他求教饮茶的艺术，没想到他竟说饮茶没有特别神秘之处，他说："把炭放进炉子里，等水开到适当程度，加上茶叶使其产生适当的味道。按照花的生长情形，把花插在瓶子里。在夏天的时候使人想到凉爽，在冬天的时候使人想到温暖，没有别的秘密。"

发问者听了这种解释，便带着厌烦的神情说，这些他早已知道了。千利休厉声地回答说："好！如果有人早已知道这种情形，我很愿意做他的弟子。"

千利休后来留下一首有名的诗，来说明他的茶道精神：

先把水烧开，
再加进茶叶，

然后用适当的方式喝茶，
那就是你所需要知道的一切，
除此以外，茶一无所有。

这是多么动人，茶的最高境界就是一种简单的动作、一种单纯的生活，虽然茶可以有许多知识学问，在喝的动作上，它却还原到非常单纯有力的风格，超越了知识与学问。也就是说，喝茶的艺术不是一成不变的，随着每个人的个性与喜好，用自己"适当的方式"，才是茶的本质。如果茶是一成不变，也就没有"道"可言了。

另一个动人的故事是关于千利休教导他的儿子。日本人很爱干净，日本茶道更有着绝对一尘不染的传统，如何打扫茶室因而成为茶道艺术极重要的传承。

传说当千利休的儿子正在洒扫庭园小径时，千利休坐在一旁看着。当儿子觉得工作已经做完的时候，他说："还不够清洁。"儿子便出去再做一遍，做完的时候，千利休又说："还不够清洁。"这样一而再，再而三地做了许多次。

过了一段时间，儿子对他说："父亲，现在没有什么事可以做了。石阶已经洗了三次，石灯笼和树上也洒过水了，苔藓和地衣都披上了一层新的青绿，我没有在地上留下一根树枝和一片叶子。"

"傻瓜，那不是清扫庭园应该用的方法。"千利休对儿子说，然后站起来走入园子里，用手摇动一棵树，园子里霎时间落下许多金黄色和深红色的树叶，这些秋锦的断片，使园子显得更干净宁谧，并且充满了美与自然，有着生命的力量。

千利休摇动的树枝，是在启示人文与自然和谐乃是环境的最高境界，在这里也说明了一位伟大的茶师是如何从茶之外的自然得到启发。如果用禅意来说，悟道者与一般人的不同也就在此，过的是一样的生活，对环境的观照已经完全不一样，他能随时取得与环境的和谐，不论是秋锦的园地或瓦砾堆中都能创造泰然自若的境界。

还有一个故事是关于千利休的孙子宗旦，宗旦不仅继承了祖父的茶艺，对禅也极有见地。

有一天，宗旦的好友京都千本安居院正安寺的和尚，叫寺中的小沙弥送给宗旦一枝寺院中盛开的椿树花。

椿树花一向就是极易掉落的花，小沙弥虽然非常小心地捧着，花瓣还是一路掉下来，他只好把落了的花瓣拾起，和花枝一起捧着。

到宗旦家的时候，花已全部落光，只剩一枝空枝，小沙弥向宗旦告罪，认为都是自己粗心大意才使花落下了。

宗旦一点也没有怨怪之意，并且微笑地请小沙弥到招待贵客的"今日庵"茶席上喝茶。宗旦从席床上把祖父千利休传下来名贵的国城寺花筒拿下来，放在桌上，将落了花的椿树枝插于筒中，把落下的花散放在花筒下，然后他向空花及空枝敬茶，再对小沙弥献上一盅清茶，谢谢他远道赠花之谊，两人喝了茶后，小沙弥才回去向师父复命。

宗旦是表达了一个多么清朗的境界！花开花谢是随季节变动的自然，是一切的"因"；小和尚持花步行而散落，这叫作"缘"。无花的椿枝及落了的花，一无价值，这就是"空"。

从花开到花落，可以说是"色即是空"，但因宗旦能看见那清寂与空静之美，并对一切的流动现象，以及一切的人抱持宽容的敬意，他把空变成一种高层次的美，使"色即是空"变成"空即是色"。

对于看清因缘的人，"色不异空""空不异色"也就不是那么难以领会了。

老和尚、小沙弥、宗旦都知道椿树花之必然凋落，但他们都珍惜整个过程，这就是我们常说的"惜缘"，惜缘所惜的并不是对结局的期待，而是对过程的宝爱呀！

在日本历史上，所有伟大的茶师都是学禅者，他们都向往沉静、清净、超越、单纯、自然的格局，一直到现代，大家都公认不学禅的人是没有资格当茶师的。

因此，关于茶道，日本人有"不是茶"的说法，茶道之最高境界竟然不是茶，从这里也可以看出人们透过茶，是在渴望着什么，简单地说，是渴望着渺茫的自由，渴望着心灵的悟境，或者渴望着做一个更完整的人吧！

世界如此广阔

蝇爱寻光纸上钻，

不能透处几多难？

忽然撞着来时路，

始觉平生被眼瞒。

——白云守端禅师

　　我们在生活里经常会有两种经验，一是把自己觉得贵重的东西，找一个特别的地方收藏起来，到要使用的时候，却怎么也找不到那件事物了，原因是我们不以平常心对待，它自然也不平常地对待我们。

　　另一种经验是，常常使用的东西，费尽九牛二虎之力也找不到，最后发现它就在手上，或在口袋等离我们最近的地方。原因是我们时常舍近求远，而焦虑使我们盲目。

每当我看到有小动物，像蜜蜂、蝴蝶、苍蝇、蚱蜢在飞扑着窗子，急得满头大汗的时候，一方面感到悲悯它们，一方面也想到自己有像它们一样盲目的时候而悲悯了自己。我们被眼耳鼻舌身意所欺瞒的众生，如何才能找到通往广大世界的门扉呢？

因此我读到白云守端禅师悟道的抒怀诗时，非常感动，他把自己比为一只在窗纸上钻撞的苍蝇，忽然撞到来时的道路，才知道平生被自己的眼睛瞒住了。我们要留意"来时路"这三个字，若能找到来时路，就是找到了"父母未生时的本来面目"，当时恍然大悟，才充满了感恩，知悉世界原来如此辽阔而美好。

在《景德传灯录》里有个故事，是说古灵神赞禅师在福州大中寺受业后，行脚时遇到百丈禅师，因而开悟，他开悟后立刻回到大中寺，希望能帮助他最早的受业师父。当他拜见受业师时，师父问他："你离开我在外参学，得到了什么？"神赞说："没有什么。"师父就叫他和平常一样去做杂役。

有一天，他帮师父洗澡捶背，对师父说："好一所佛殿，佛却不能彰显。"师父回头奇怪地看着他，他说："佛虽然不彰显，却能放出光芒。"

又有一天，师父在窗下看经，一只蜜蜂在窗纸上冲撞，飞不出去，神赞感叹道："世界如此广阔，你不肯出去，却在同一张纸上钻，到什么时候才出得去呀！"师父没有反应，神赞随口诵诗一首：

空门不肯出，
投窗也大痴，
百年钻故纸，
何日出头时。

师父听了心有所感，放下经书问他说："你行脚的时候遇到什么人？

我看你已和从前不同，连说的话都不同了。"他于是对师父说："弟子遇见了百丈和尚指点，已经开悟，特地回来报答师父的恩德。"

师父就召集大众，请神赞上座说法，神赞于是举唱了百丈禅师的心法，说道：

灵光独耀，迥脱根尘，
体露真常，不拘文字。
心性无染，本自圆成，
但离妄缘，即如如佛。

师父听了神赞说法，因而大悟，感叹地说："幸好在垂老的晚年，还能听到这么殊胜的禅法呀！"

神赞与受业师父的故事，令人感动，里面有师徒的情感、报恩的思想、高远的精神、悟道的平常，使我们知道佛法不离人情，禅心不避世事，见到了禅者平常却不凡、日用而高超的风格。

桥流水不流

空手把锄头，

步行骑水牛；

人在桥上过，

桥流水不流。

　　　　　——善慧大士

　　善慧大士就是傅大士，他是南齐时代的人，本名是傅翕，字玄风，自称为当来解脱善慧大士，"善慧地"是菩萨十地的第九地，是指得到四无碍解脱，能一音演说一切法，闻者无不欢喜的菩萨。可见傅大士对自己的期许与自负。

　　傅大士的时代约与达摩东来的时间相当，他的行为举止都很奇特，异于常人，让我们可以看出早期禅师的风格。有一天，他去见梁武帝，

身上穿着和尚的袈裟，戴着道士的帽子，脚踏儒鞋，武帝看到他穿得这么奇怪，就问他说："你是和尚吗？"

他指一指帽子。

"你是道士吗？"武帝又问。

他指一指鞋子。

"那么，你是方内的人了？"

善慧指一指袈裟。

傅大士的这个故事表达了一些重要的东西，就是禅心非由外貌观之，禅是综合了释、道、儒三家，它有佛家出世的慧解，道家的自然无为观念，以及儒家的入世精神，而释、道、儒的穿戴只是形式的东西，禅心应该超越这一切的形式。

禅传到中国以后，因为受到道家、儒家的影响，而有了更辉煌灿烂的光芒，例如我们在禅者的思想中看到了老庄道家的思想，知道了禅宗的"禅"是受到了中国思想的培养。又例如百丈禅师创立了禅门清规，主张劳动耕种自给自足，一日不作、一日不食，这种生活在印度僧伽里是违反戒律的，也是受到了中国思想的影响。从这一点来看傅大士的举止，就能理解到他的行为并不怪异。

傅大士还有两则故事也很有机锋，有一次，梁武帝请他去讲《金刚经》，他登上法座，拍了一下桌子就下台了。武帝怔在当场，傅大士便问武帝："你了解了吗？"武帝说："不了解。"傅大士说："但是，我的经已经说完了。"

还有一次，傅大士正在讲经，梁武帝来了，听经的人全肃立起来迎接皇帝，只有他坐着不动，皇帝的近臣就对他说："皇帝驾临，你为什么不站起来呢？"傅大士说："法地若动，一切不安。"

前者说明了禅的不可言说，后者则表达了禅师的威严，他有诗说：

有物先天地，

无形本寂寥；

能为万象主，

不逐四时凋。

　　能作为万象的主人的禅师，当然在心里明白自己的尊贵，皇帝与平民在他的心眼里，都是平等无二的。有平等的心，能把万象放于胸中，则人、水牛、桥、流水无不是同样幻化的事物，何必去执着呢？

　　如果我们不能明白禅师涵盖乾坤、截断众流的超越风格，就难以接受"步行骑水牛""桥流水不流"是多么意味深长；一旦我们跳过时空之流，不被现象界所迷惑，就知道它是多么的清凉与明朗了。

一毛吞海

一毛吞海，海性无亏；

纤芥投锋，锋利不动；

学与无学，唯我知焉。

——德山宣鉴禅师

德山宣鉴禅师的"德山棒"与临济义玄的"临济喝"，是禅宗齐名的教化方法，并开创了禅教的"棒喝求悟"。我们今天习禅的人，想到"德山棒"与"临济喝"都应该敛容端坐，想一想祖师的苦心。

我曾与一位法师谈起德山棒与临济喝，他说在那个年代，德山与临济都是天下闻名的大禅师，来参学的人不可计数，人人在来之前也都知道一到德山的禅堂就是先打三十棒，打得死去活来；到临济的禅堂则不但有痛棒、有拳头，还有大吼大叫，喝得心乱如麻。为什么他们还络绎不绝，一点也不退却呢？因为那个时代，人人求法都有坚强与无畏的心。

在棒喝面前，还能坦然去受棒挨喝，就是有了坚强无畏的精神，我们现在虽没有棒喝，却在求法时不应失去坚强无畏的心。

我们看到德山宣鉴的"道得也三十棒、道不得也三十棒"，确实很难想象他在青年时代是反禅宗的。德山早年就出家了，青年时代遍读经藏，自谓能贯通《金刚般若经》的旨趣，写了很多《金刚经》的注释名为《青龙疏钞》，时人称他为"周金刚"。

但是，德山虽熟读《金刚经》却与六祖慧能不同，他一开始就反对禅宗，觉得南方禅宗所说的"直指人心，见性成佛"是魔说而不是佛教，于是决定南下去"搂其窟穴，灭其种类"。他希望向南方顿悟禅的禅师挑战，甚至想去摧毁他们。

德山满怀信心，挑着《青龙疏钞》走向往南的道路，他的首要目的地是龙潭，因为那里住了一位崇信禅师，普为天下人敬重，若能降伏龙潭，则南方禅就降伏了。他走到龙潭山下时，肚子饿了，便到路边的茶馆歇息，希望吃饱喝足再上山挑战。

德山走进茶馆，见到了卖点心的老太太，她见面就问风尘仆仆的德山："你肩上挑的是什么东西？"

"《青龙疏钞》。"德山回答说。

"讲的是什么经呢？"老太太问。

"《金刚经》。"

老太太就笑着说："我有一问，你若答得，施与点心；若答不得，且别处去，如何？"

德山同意了。

于是，老太太说："《金刚经》上说：'过去心不可得，现在心不可得，未来心不可得。'未审上座点哪个心？"

德山怔在当场，一句话也说不出来，只好饿着肚子离开。没想到路边平凡的老妇一个简单的问题，就把德山挑的一担子学问都打翻了，他虽然读遍了经典，但经典上似乎没有这样启示性的答案。德山受了挫折，锐气大减，但他仍然上山去见崇信禅师，见到禅师的第一句话是："久向龙潭，到来潭又不见，龙亦不现。"崇信则回答说："子亲到龙潭。"（意思是说你已亲身到龙潭了，没有见到龙，也没有见到潭，只是自己有眼无珠，如何可以怪龙潭呢？）五个字就把德山折服了。德山感到羞愧，想告辞而去，被崇信禅师留下了。

有一天，德山在室外默坐，崇信说："何不归来？"德山说："天很黑！"崇信点烛给德山，德山刚要去接，崇信忽然将烛吹灭，这一吹灭，使德山立即开悟，彻见禅的真理，就恭敬地向崇信礼拜。

崇信说："你看到了什么？"

德山说："从今向去，不疑天下老和尚舌头也！"

第二天清晨，德山把千里迢迢从北方挑来的《青龙疏钞》搬到禅堂前，当众放了一把火，全部烧了。

从此，德山飞越了语言文字，粉碎了意识的硬壳，把隐藏着的力量全部释放出来，正是从波浪的海面走入"一毛吞海，海性无亏"的境界，以及由沉重的刀柄进入"纤芥投锋，锋利不动"的刀锋境界了。

我们来看两则公案：

有一天，德山上堂对弟子说："今天晚上不可以问话，问话的人先打三十拄杖。"正好有一个弟子出来礼拜，德山立刻就打。弟子说："我什么话也没说，师父为什么打我？"德山问："你是何处人？"弟子说："新罗人。"德山说："你还没有上船时，就应该好好打三十拄杖。"（德山此话语带双关，禅师尚未开悟就该打。）

还有一次，德山上堂说："问即有过，不问即乖。"有僧出来礼拜，德山便打。僧问："我才礼拜，为什么便打？"德山说："等你开口，还能做什么！"

德山禅师在悟前悟后有多么不同的风格！开悟之前，他外表平静自负，内心却争吵得厉害；开悟之后，外表凶猛威势，内心却是无比的平静，从这里，我们看见他的内心是经过了多么大的革命。

　　禅悟，其实就是一个人内在的革命，由以经典为灯到以自己为灯，从归依义理到以自己为归依处，自汹涌的海潮至一毛吞海，德山给了我们多么深刻的启示呀！单是谈水不能止渴，单是见泉也不能止渴，唯有自己饮水，才能止渴呀！

不曾一颗真

铝泪结，如珠颗颗圆；

移时验，不曾一颗真。

——澹归和尚

　　这是明朝澹归和尚作的一首词，一共只有十六个字，它可能是词里面最短的，也可能是词里境界最高的。题名为《咏泪》的这首词，译成白话的意思是，一个人的泪珠落下的时候，就好像铅熔化落下的珠粒，每一颗都是圆的，但是过一下子检验起来，没有一颗是真实的。

　　这样的境界就有点像《金刚经》里说的"过去心不可得，现在心不可得，未来心不可得"，或者"凡所有相，皆是虚妄"，甚至使我们想到《金刚经》里最动人的一首偈：

一切有为法，

如梦幻泡影；

如露亦如电，

应作如是观。

　　由小处看来，一滴泪虽是悲喜的呈现，但它是不真切的，只是一个情结的幻影。从大处着眼，人生的悲喜也是空幻的，乃至我们所能眼见与感受的世界，都是虚妄的表现，经过时间一检验，都会变灭、消失。

　　一颗眼泪的形成，是悲喜因缘的"缘起"。

　　一颗眼泪的消失，是时空实相的"性空"。

　　一切的"缘起"，都通向了毕竟的"空义"。

　　"缘起性空"不只是用以形容宇宙的变化法则，也是禅的中心思想。在禅心里，凡是眼睛、耳朵、鼻子、舌头、身体、意念所能触及的事物，都是缘聚则生，缘散则灭，禅是要透过这种因缘，开发出那能涵容一切的"空性"，也就是自性、佛性、法性。

　　禅里讲这种"缘起性空"的公案很多，仰山禅师初参性空禅师时，听见一位僧人问性空："什么是祖师西来意？"

　　性空说："如果有人跌落了千尺的深井，你不用绳子就可以救他上来的时候，我才告诉你。"

　　仰山听了，大惑不解，后来，仰山去参耽源禅师，谈到性空禅师的回答，就问耽源说：

　　"那井里的人，既然不用绳子，要怎样才能救上来呢？"

　　耽源笑了起来说："你这个糊涂虫！到底有谁在井里呢？"

　　仰山为之一愣，洞然明白。

　　因为，本来就没有人在井里，用什么绳子呢？

　　我们拿这个公案，再来对照青原行思问石头希迁的问题就更明白了。

青原问道："你是从曹溪六祖慧能那儿来的吗？那么，你去曹溪，得到了什么？"

石头说："我去曹溪之前，就没有缺少什么呀！"

青原又问："既然如此，那你去曹溪做什么呢？"

石头坦然地说："如果我不去曹溪，怎么能知道我本来就没有缺少什么呢？"

你看，石头说得多好，一切的缘起是在追求性空，但性空并不由外求得，性空是人原来就具有的。因而缘起性空正是一体的两面，性空是本质，缘起是现象，"性空"是禅之所以不可说的理由，"缘起"则是禅师留下那么多语录与公案的理由，悟到自性本空的禅师，可以坦然自在地看待缘起，未悟的人则可以因观照种种缘起，走入空性的道路。

我们再回来看仰山禅师，仰山悟后去追随沩山禅师，有一天，师徒两人在田埂上行走，沩山对仰山说：

"你看，这一块田，这边高，那边低。"

仰山说："不对，是这边低，那边高。"

沩山说："如果你不相信这边高的话，那我们一起站在田埂中间，往两边看看，到底是哪一边高。"

仰山说："不要站在中间，也不要只看两边。"

沩山说："那么，我们不要用眼睛看，我们用水平来量好了，因为再也没有一样东西比水平更平了。"

仰山说："水也没有一定的体性，水在高处是平的，水在低处也是平的。"

听到徒弟仰山如此说，沩山师父高兴地笑了，他赞叹仰山说："从今以后，再也没有人能奈何得了你了！"

我们生活在这个世界，因为相信因缘的起灭是真实的，总会预设一个标准来衡量人间世事，不幸的是，这个标准正是执着的根源，往往正好障碍了真相，连水平都不能测量田地的高度，人又用什么标准来测量呢？心里有了标准、心里有了测量、心里有了比较、心里有了执着，都不能让我们走向圆融的道路。

圆融的道路，就是性空的道路，性空是一种光明、一种清净，是对因缘起灭的翻转，是对人生之镜的粉碎，是对善恶因缘的无染——因为再好的因缘也像用笔在镜子上写字，笔再好、字再美、词采再富丽，也会弄脏了镜子。

这不是说在人生里不能悲喜流泪，只是说，要看清每一滴泪，终是虚幻，不要执着呀！

我子天然

怅望湖州未敢归，故园杨柳欲依依；

忍看国破先离俗，但道亲存便返扉。

万里飘蓬双布履，十年回首一僧衣；

悲欢话尽寒山在，残雪孤峰映晚晖。

——丹霞天然禅师

由于禅师们讲空性、讲自性，加上行为举止不随同流俗，常使人觉得禅师是无情无感的。

为了破除凡圣的外相，呵佛骂祖因此成了禅师的家常便饭，其中以云门文偃和丹霞天然禅师为代表人物。

云门文偃有一次对弟子举示释迦牟尼佛初生时，一手指天、一手指地，周行七步，目顾四方说："天上天下，唯我独尊"。云门评说："我当时若见，一棒打杀与狗子吃，图个天下太平。"

云门用这个猛烈的方法，来破掉弟子对凡圣的执着，因为有人会认为"唯我独尊"是独尊的思想，这就会误解了世尊的本意，"唯我独尊"指的乃是人人都具有法身，而不是一个私我思想的展现。

云门的手段一方面是破除弟子对凡圣的分别相，一方面表示狗子也有佛性，在自性上，佛与狗的法身都是一样的。

丹霞天然禅师的手段比云门还火辣，他住在慧林寺的时候，遇到天下大雪，取来寺院里的木头佛像，劈开来烧火取暖，寺主看见了骂他，他说："我是在烧取舍利。"寺主说："木像何来舍利？"丹霞说："既然没有舍利，何妨再拿几个来烧？"

这种惊世骇俗的手段，一般人难以理解，从禅师清澈的眼睛看来，何处无佛？何物非佛？

要更深刻地知道禅师呵佛骂祖的真义，我们可以看德山宣鉴禅师，他有一次对弟子说："这里佛也无，法也无。达摩是老臊胡；十地菩萨是担粪汉；等妙二觉是破戒凡夫；菩提、涅槃是系驴橛；十二分教是点鬼簿、拭疮脓纸；四果、三贤、初心、十地是守墓鬼；自救得也无？"不知的人以为德山这是把佛菩萨压到一个最下的底线了。

其实，这一段话从反面来看，可以是：

"老臊胡是达摩；担粪汉是十地菩萨；破戒凡夫是等妙二觉；系驴橛是菩提、涅槃；点鬼簿、拭疮脓纸是十二分教；守墓鬼是四果、三贤、初心、十地；也无得自救！"

把牌一翻，就变成一个多么清澈而超越的观点，在我们破除执着的时候，最平凡的事物正是最圣洁的，而最高贵的也是最平常的。我们在生命中，处处随名生解，以外相来作为真实的见解，这才是最大的要命的执着。

禅者的要义，简而言之，就是破执着，执着一破，人生到处都是好消息，日日是好日。在好日子、好消息中生活的人，只是一派天真、自然、无所用心。

以丹霞天然禅师为例，他所表现的禅风与他的名字一样是赤诚而天然。他在石头希迁禅师的座下时，有一天，石头叫大家去割除佛殿前的青草，众人都去割草的时候，他用脸盆盛了一盆清水来洗脖子，并跪在石头面前，为青草请命，石头看了微笑给他印可，就帮他剃发，并为他说戒法，他掩起耳朵就跑掉了。

接着，他去拜见马祖道一禅师，还没有参礼之前他跑到僧堂，骑在僧人头上，大众看了非常惊愕，跑去报告马祖，马祖看了就说："我子天然。"丹霞立刻下地礼拜说："谢谢师父赐我的法号。"从此，他就以"天然"为名。

我们看到行径独特、卓尔不群的丹霞天然禅师，使我们知道禅心自然的本质，但禅心不是离开人的生活，我前面选的《怅望湖州》是丹霞天然禅师证悟以后，在离开湖州家乡十年之后的抒怀之作，那样的柔情、优美，与他的言行举止相映成趣。

这加深了我们的信念，禅心是天然生活里开发而得，禅者的空性不是无情，而是清明、温暖、遍照的至情，像日光一样，在悲欢话尽之后，青翠高拔的寒山犹在，在残雪之上、在孤峰之顶，映照着优美璀璨的夕阳的光辉。

我有一布袋

我有一布袋，

虚空无挂碍；

展开遍十方，

入时观自在。

——布袋契此禅师

　　明朝的布袋契此禅师是一代传奇人物，他的师承在史传里不详，他的氏族也不详，自称名叫"契此"，因为他整天背着一个布囊，"出语无定，寝卧随处"，而把一切的家当都放在布袋里面，"尝雪中卧，雪不沾身"，时人都非常敬佩他，称为"布袋和尚"。

　　布袋和尚长得很胖，挺着个大肚子，沿街要钱要饭，有人送饭菜给他，他吃一部分，另一部分则丢入布袋里，不知道为什么原因。

布袋和尚的布袋因此成为一个谜题，大家都想知道他布袋里装些什么，但他从不示人，偶尔以布袋来说法。有一次白鹿和尚问他说："如何是布袋？" 他放下布袋，不发一言。白鹿又问："什么是布袋里的东西？"他什么话也不说，背起布袋就走了。

他不仅行为奇特，连说话也很神奇，有一次他站在街上，一个和尚走过来问他："和尚在这里做什么？"

"等一个人。"布袋禅师说。

"来了，来了。"和尚说。

"你不是这个人。"

"如何才是这个人呢？"

"乞我一文钱。"布袋说，说完提起布袋就走了。

布袋虽然是不修边幅的云水僧，但他写得一手好诗，有一首是：

一钵千家饭，

孤身万里游；

青目观人少，

问路白云头。

这首气派雄浑的诗，使我们知道布袋里装的不是等闲之辈，仿佛让我们看见解脱了人生谜团的布袋和尚站在白云端顶上微笑。

布袋和尚后来在岳林寺东廊下，端坐磐石上说了一首偈：

弥勒真弥勒，

分身千百亿；

时时示时人，

时人自不识。

说完，微笑着圆寂了。因为他说了这首偈，当时的人都相信他是弥勒菩萨的化身，加上他示灭后肉身不坏，相传又有人在别州见到他背布袋行走，一时大为轰动，四众竞相画他的像礼拜，虔诚一如礼拜弥勒菩萨。

今天我们在民间寺庙里看到的弥勒菩萨都是胖嘟嘟的，那不是别人，正是布袋禅师（明朝以前没有弥勒菩萨被塑成这个样子），可见布袋禅师受民间欢迎的程度。

至于，布袋禅师的布袋有什么乾坤呢？他是用此来警示我们，一个人如果能开启自性则能"展开遍十方，入时观自在"有如布袋中的虚空一样。

早于布袋和尚一百年的庞蕴居士写过《余有一大衣》，意思相近，我把它录在这里做个比较：

余有一大衣，非是世间绢；
众色染不着，晶晶如素练。
裁时不用刀，缝时不用线；
常持不离身，有人自不见。
三千世界遮寒暑，无情有情悉覆遍；
如能持得此大衣，披了直入空王殿。

一　尘

有一个比丘在森林里的莲花池畔散步，他闻到了莲花的香味，心想如果能常闻莲花的香味，不知道有多好，心里起了贪着。莲花池的池神就现身对他说："你为什么不在树下坐禅，而跑到这里来偷我的花香呢？你贪着香味，心中就会起烦恼，得不到自在。"说完，就消失了。

比丘心里感到十分惭愧，正想继续回去禅坐，这时，来了一个人，他走到莲花池里玩耍，用手把莲花的叶子折断，连根拔起，并且把一池莲花弄得乱七八糟，弄完，那人就走了。

池神不但没有现身，连一声都不吭。

比丘感到很奇怪，问池神说："那个人把你的莲花弄得一团糟，你怎么不管？我只是在你的池畔散步，闻了你的花香，你就责备我，这是什么道理呢？"

池神回答说："世间的恶人，他们满身都是罪垢，即使头上再弄脏一点，他的脏还是一样的，所以我不想管。可你是修净行修禅定的人，贪着花香恐怕会破坏你的修行，所以我才责备你。这就譬如白布上有一个小污点，大家都看得见；那些恶人，好比黑衣，再加上几个黑点，自己也是看不见的。"

这个故事出自佛经，想起来令人动容，我们每个人走在街上，都可以感受到把一池莲花弄得乱七八糟的景况，而我们不能感受到那些败坏，却是最可悲的，当我们在为恶的时候、坏念头生起的时候、处在败坏的环境的时候还没有醒觉、不能觉悟，是人生中至可悲叹的事。

就像没有眼睛的人，他是完全看不见的，这种黑暗与处在暗室里的好眼睛的人，所看见的黑暗并没有不同，但是好眼睛的人不是看不见，而是看见的都是黑暗。在光明里，瞎眼的人需要的是眼睛；在黑暗中，眼明的人需要的是灯光。

我们要随时点一盏心灯，才不至于像一个目盲的人。

一个人怎么样使自己的心性澄明，能见到其中的污点是非常重要的，因为只有这样才能不断地清洗与修补，一步一步往光明的方向走，否则，当我们折拔莲花时都能心无所感，那表示心里早就没有莲花，而是一片污泥了。

《楞严经》里说："若不识知心目所在，则不能得降伏尘劳。譬如国王，为贼所侵，发兵讨除，是兵当知贼所在，使汝流转，心目为咎。"——譬如一个国王，要用兵剿匪，如果不知道匪在什么地方，如何去剿灭他们呢？如果一个人不知道自己的污点与过错，要如何去除污点呢？

让我们不要做把莲花池弄得乱七八糟而不自知的人，让我们做一个因贪闻花香而感到惭愧的人吧！

让我们不要做染上污点完全看不出来的黑衣，让我们做任何小污点都让我们醒目的白布吧！

在照进窗隙强烈的阳光里面，我们可以看见虚空中飞扬的尘埃，那些尘埃粒粒分明，但无法破坏光线的本质。在黑暗中，我们完全见不到尘埃，尘埃就一层层地增加，使我们陷入更深的黑暗。

对于我们所生的恶念，一尘也不要放过，才能使我们有一天能一尘不染，一尘不染不是不再有尘埃，而是尘埃让它飞扬，我自做我的阳光。

模糊了、污染了、歪斜了的镜子里所照出的最美丽的玫瑰花，也像是污秽的东西呀！

空出我们的杯子

无端知妙谛，

有识是尘心；

欲洗尘心净，

寻山莫畏深。

——中峰明本禅师

一位热爱武术的年轻人，想要学习武术，找到一位极负盛名的武师。

他热切地对师父说："我渴望做你的学生。"

师父说："你希望我教你什么？"

他说："我希望成为第一流的武术家，那必须学习多久？"

师父说："至少要十年。"

"十年太久了。"年轻人说，"如果我加倍用功呢？"

"那就需要二十年时间。"师父回答说。

"如果我夜以继日地全力练习呢？"年轻人又问。

"那要三十年！"师父回答。

"这到底是怎么一回事，每当我说要更用功，您就说需要更长的时间？"年轻人问。

师父笑着说："如果你的眼睛一直认定一个目标，你哪里还有眼睛看见你自己呢？"

要追求第一流的武术，与开启真实的禅一样，如果眼睛向外追寻，脑子里就会充斥纠缠的识见，就无法做自我的反省与开启了。因此，禅心最可贵的本质就是"无求"，无求并不是一切无为，而是任运，是不给自己一个界限，因为有了界限就有束缚，有所得就会有所失，只有把有所作为的识见放空，才能洗去尘心，有一个全然的清净的对待。

日本近代伟大的禅师山冈铁舟，有一次遇到一位著名的小说家来向他学禅，他对小说家说："我知道你的小说写得很好，可以使读者或哭或笑。请你对我说一个故事——'桃太郎'，在我还是小孩的时候，就睡在我妈妈身旁听她说这个故事了，我妈妈说得真好，请对我讲讲这个故事，就像我妈妈说的一样。"

渴望成为铁舟弟子的小说家，因为把学禅看成重要的事，不敢立刻就说这个故事，于是他向铁舟说："请允许我回去下一番功夫吧！"

过了几个月，小说家去拜望铁舟，要说那个简单的故事给禅师听，但铁舟说："改天再说吧！"

小说家又回去准备要说这个故事，一连很多次，他向铁舟提出说故事的要求，铁舟就阻止他说："你还没有达到我妈妈的程度。"

经过了五年的时间，铁舟才准许小说家把故事说出来，并收他为弟子。

这是有极深刻象征的故事，妈妈为孩子说故事时，一点也没有机心，那样清净的心性，是极接近禅者明朗无碍的胸怀，若能体会生活里那无求的时刻，才能体会禅，也才能知道"无端知妙谛，有识是尘心；欲洗尘心净，寻山莫畏深"的境界了。

在生活里有禅，不二法门就是空出我们的杯子，来纳受一切生活加诸我们的一切，并清楚地观照那杯子注入的东西。如果我们的执着深重，杯子装满了，连一滴水也倒不进来，哪里还能看清杯子里的事物呢？

中峰明本禅师把这种杯与水、人与禅的关系说成是"打成一片"。他说：

> 若真个打成一片时，亦不知如银山铁壁，既知是银山铁壁，即不可谓之打成一片。如今莫问成一片不成一片，但将所参话头，只管粘头缀尾，念念参取，参到意识尽处，知解泯时，不觉不知，自然开悟。正当开悟时，迷与悟、得与失、是与非，一齐超越，更不须问人求证据，自然稳帖帖地无许多事也。

学习生活里的一切，不管是武术、说故事、爱与慈悲、生命的沉淀与激情，都可以做禅的学习，只要空出我们的意识之杯，与真实的生命打成一片，处处都有禅机的呀！

动地一声消息尽

山河国土现全躯，

十方世界在里许；

万劫千生随去来，

山僧此说非言语。

——清远佛眼禅师

　　禅师们最常说的一句话是"本来面目"，这句话是很值得参究的，"本来面目"意即人的自性，是父母未生我前的那一个自己。

　　经典上曾记载过有七位贤女，她们有一天在树林中游戏，突然见到了一具死尸，其中六位都感到惊吓，年纪最小的一位突然说："尸体在这里了，那么，人呢？人去了哪里？"她的六位姐姐就同时开悟了。

　　真是有趣的故事，它告诉我们，如果一个人变成一具尸体，这个人还存不存在呢？我们假定人死后一切空灭，就是把人物质化，认为除了物质，人没有别的超越物质的东西。反之，若说人死后是一种转化，如睡里梦与醒的交替，则会使我们把一切都寄托在死亡之后——死亡会使我们到更好的地方；会让我们脱下污秽的衣裳，穿上光明华丽的衣服；死亡一点也不可畏，它只是一种转生等等梦想，到最后倒果为因，认为人活着的意义，只是为了追求天国的幸福。

禅宗所说的"本来面目"不是如此，一则它虽讲空义，它的空是有觉性与般若作为基础，而不是人死后一了百了。二则它认识死后还有世界，却不把希望寄托在死后的天堂，它追求的是当下、是即身、是此时此地就要找出生死的答案。

也就是说，一般人到生死之际，才发觉死的问题之严重，看见了形骸之外还有一个自我（本来面目），但那时没有自主自在之力，已经来不及了。禅者是在生前就见到自我的真性，因明见生死而超越生死，是鞭策自己在生前就见到"本来面目"的风光，这才是禅所说"了脱生死"的实义。

"了脱生死"不是死后才开始，而是现在活着面对的最大问题。

禅宗里有一个著名的公案，是取自中国古老的传说，就是太子哪吒的故事，哪吒为了报答父母的恩情，"析肉还母、析骨还父，然后现本身，运大神力，为父母说法。"一个人把肉还给母亲，把骨还给父亲，把物质的"假我"还给世界之后，还剩下什么呢？

许多禅师都拿这个公案给弟子参研，清远佛眼禅师说："肉既还母，骨既还父，以什么为身？学人到这里若见得去，廓清五蕴，吞尽十方！"文前引的偈就是佛眼禅师对公案的说明。当我们把骨肉身躯还给父母天地之后，就以山河国土为全身，十方世界都在我们的怀抱之内，能在万劫千生中随自己的意来去自由，只要我们用心体会，就知道"本来面目"不是我在镜中看到的容颜，而生死问题也不在死的时候才呈现。

蒙山德异禅师曾对弟子开示："个事如剥珠相似，愈剥愈光，愈明愈净，剥一剥，胜他几生工夫也！"他的徒孙无闻思聪禅师在开悟时说："顿觉心中空、亮、轻、清，见、情、想破裂，如剥皮相似！目前人、物，一切不见，犹如虚空！"高峰原妙禅师则说，参公案时决定要讨个分晓："直教如大病一般，吃饭不知饭味，吃茶不知茶味，如痴如呆，东西不辨，南北不分！功夫做到这里，管取心华发明，悟彻本来面目，生死路头，不言可知！"

这些禅师们都在教导我们，在山穷水尽时节，疑团迸散之际，可以看到我们的"本来面目"、"本地风光"；找到"因有心身，此心存活，死了烧了，何处安身"的那个安身之处！

毒峰季善禅师写过一首偈：

沉沉寂寂绝施为，

触着无端吼似雷。

动地一声消息尽，

髑髅粉碎梦初回！

与清远佛眼说的一样，粉碎了身体的形骸之际，犹如梦中听到如雷的吼声，这时，历劫尘劳当下冰消瓦解，生死的一个滚翻就如同点头一笑；这时，看破世界身心悉是假缘，血肉打个悬空筋斗，就是本来面目了呀！

自己的眼目

一击忘所知，更不假修治；

动容扬古路，不堕悄然机。

处处无踪迹，声色外威仪；

诸方达道者，咸言上上机。

——香严智闲禅师

我们读禅宗的公案，时常看到这个禅师闻到花香悟道、那个禅师打破杯子悟道；有的是夹断脚悟道、有的是砍断指头悟道；有的是洗澡时突然悟道、有的是跌跤时突然悟道；真的是无奇不有，使我们感到迷茫。

不过，这各式各样的悟道方式告诉我们三件重要的事，一是悟道者一定要依靠自己的实践，不能依恃外来的力量，连师父都是不可依靠的。二是悟道没有一定的时空，也没有特殊的机缘，他们只是时时准备好自己，进修、历练、成长，并耐心等待完美刹那的到来。三是在日常平凡的生活中保持着一种直观的精神，使自己不错失任何开启的时机。

在求道的过程之中因此产生了一种异乎平常生活经验的现象，就是在苦苦用功、有心求道的时候，反而觉得道在远方，等到把自己放空，心不外求之时突然契入。

香严智闲禅师求道的经验是禅宗史上很有名的，也可以让我们说明以上的观点。

智闲禅师是梁朝青州人氏，他身高七尺，相貌堂堂，从小就博闻强记极有干才，乡里的亲友都说："你好好地学，将来一定是佐时的良器！"这一点使我们看出，禅师不仅在出世法上有根器，即使是入世法也是杰出的人才。

香严智闲并不以世法为满足，就告别了亲人到南方去瞻礼沩山灵祐禅师，他一去参礼，大家都认为他是英俊敏捷的人才。灵祐知道他是法器，希望进一步激发其智慧，对他说："我不问你平生学习了解过的和经卷册子上记得的东西，我要你试着道一句父母未生你之前，你还没有投胎、不辨东西的话来，我来给你印证！"

智闲怔住了，不知如何是好，沉吟了半天，把生平觉得最精彩的经句说了几个，并加上自己的解释，但灵祐不给他印可。智闲只好请求地说："请师父为我说明吧！"

灵祐说："我可以为你说明，可是那是我的见解，不是你的，对你的眼目又有何益呢？"

智闲失望地回到了禅堂，把生平所收集抄录的经典语句都拿出来检点沉思一遍，却没有一句可以见到自己眼目，他颓然而叹："画饼不可充饥！"于是放了一把火将文字全部烧了，并说："此生不学佛法也，且作个长行粥饭僧，免役心神。"遂流泪拜别了师父沩山灵祐，到各处去行脚。

后来抵达南阳光宅慧忠国师的墓园，居住下来。

有一天，他在山里整理草木，抛起的瓦砾偶然打中竹子，铮然作响。那一声突然唤醒了内在的某种东西，这东西超越了他从前的指望与想象，打开了他禅心的钥匙，他彻底地得到了醒悟。于是回去沐浴焚香，对着沩山灵祐居住的方向跪下来礼拜，感慨地说："和尚大悲，恩逾父母，当时若为说却，何有今日事也。"（师父是多么慈悲，对我的恩情胜过父母，当时如果为我说破了，我今天怎么能自己开悟呢！）他写下一首诗偈来记录那一次的悟道，正是此文前所录的偈。

香严击竹开悟的故事，使我们知道，人人的内在自我都是一切具足，储满了自己所需要的一切，没有任何东西必须向外寻求。我们之所以还没有找到那个开关，是我们缺少直观的精神，没有把自己准备好。最重要的是我们仍有依赖的心，我们习惯于把自己与外在事物联想，我们习惯于知识的推究，我们的意识仍未走到壁立千仞的绝境，总是攀着语言、文字、名相、概念、思想、因缘的葛藤，所以，绝对的真我就无法展现了！

如何张开自己的眼目，摒除外缘，使自己的内在经验保持在一个待悟的开关上，是禅者要紧的事。

众妙之门

有物先天地，

无形本寂寥；

能为万象主，

不逐四时凋。

——善慧大士

时常有人问我禅宗与道家的关系，禅宗与我国道家思想有深刻的关系，是大家都知道的，但是其关系何在？本质有哪些相近之处？却是很少被厘清。

最近读傅伟勋教授的《禅道与东方文化》，他把六祖慧能之前的禅宗称为"禅佛教"，慧能之后则称为"禅道"。他说："前者是印度佛教的中国化，后者是禅佛教百尺竿头更进一步的道家化。或不如说，禅

道即不外是禅佛教与道家的美妙结合。"他完全肯定道家思想在禅宗的良性影响，说这是"印度佛教的全盘中国化"、"中国式的彻底转化"。

基于这种肯定，傅伟勋教授把禅宗受道家影响形成"禅道"的特质分为十大基本特色：吊诡性、妙有性、大地性（或此岸性）、自然性、人间性（世间性）、平常性（或日常性）、主体性（或实存性）、当下性（顿时性）、机用性，及审美性。

我觉得这是极为简明和精辟的论说，是真正触及印度空宗和道家形上学交流沟通的契合点。我们可以这样说，禅宗虽是出于佛教，但它的精神特质几乎是超宗教的；道家思想虽影响到道教的发展，它的本质也是超宗教的；由于两者都没有宗教的局限性与形式化，才能水乳交融的开展出思想的洪流，在文学艺术上有广远的影响，深入生活的底层，使传统的中国人，生活中多少有"禅家"与"道家"的影子。

我认为除了傅教授提出的十大特征，"禅道"深入中国人的生命内层，有两点是值得深思的。一是它的平等性，不管是道家或禅宗都是十分强调平等，这种平等的观点是发于自然的观照，它遍满于生活的每一个层面，比起原始佛教"佛性平等"还要细致广大。一是它的自由性，道家虽然有一阴阳天地的宇宙法则，禅家则承续了佛教业力、因果、轮回的宇宙法则，但它们都同时主张放下，在束缚中得到自由的精神，这一点对于苦难的人生有实际效用。

现在，我们再回到傅伟勋教授的论点，在这十大特征中，最值得思索，并有体验的应该是此岸、人间、平常、当下、机用几种特征。

一直到现在，佛教的彼岸特质仍然有很强的影响力，禅家是把佛教的彼岸色彩拉回到此岸的大地，傅教授说："禅家之所以能够发挥大地性或此岸性到淋漓尽致的程度，当然是由于道家的冲击作用。"这种"此岸即彼岸，生死即涅槃，大地即法界，禅道就是如此直截了当地肯定大地，安于此岸，于此发现妙有，彻悟真空"。

在此岸的基础上，禅道于是回到人间、正视人间，开悟的经验才不是依于"一切皆苦"的负面生命体验，而是正面肯定人间生活的重要性，喝茶、吃饭、沐浴、睡觉都成为禅机的开关，人间佛教、人本精神才成为可能。正视于人间，一切平常事物也就成为活活泼泼，从遥远虚无中解脱出来。

"在人间解脱"发展出了像"日日是好日""平常心是道"的美妙经验，因为"一切现成""一切如如"，当下的顿悟就不是不可理解的东西了。当下，是一种永恒的现在，也是一种绝对的对待，在我们开眼的刹那，简直是诗歌一样了。

最有意思的，也可以说纯粹中国观点的大概是"机用性"了，我们现在所说的"禅机"，在原始佛教，甚至达摩到六祖时代都还不是很强调的，由于吸收老子的"无"和庄子的"无心"才深入"机用"，以一种超越理性和逻辑的态度开启悟性，大机大用、棒喝机锋才成为禅宗教化的主体。

因为对生命自由的真实融入，禅道使得中国艺术有了前所未有的开展，"禅境"无时不刻地引导文学艺术家的创作心灵，这也是后来东方艺术（包括中国、日本、韩国）最可贵的特质。

我在读老庄的时候，感觉就像读禅宗的典籍一样，得到一种深切的启发，真希望有更多的学者来深入探讨道家思想与禅宗体验的关系，最后我们引一些老庄的名句，看看里面是不是禅机处处，读起来使我相信，老子与庄子都是开悟的人呀！

"筌者所以在鱼，得鱼而忘筌。蹄者所以在兔，得兔而忘蹄。言者所以在意，得意而忘言。吾安得夫忘言之人而与之言哉？"

"玄之又玄，众妙之门。"

"五色令人目盲；五音令人耳聋；五味令人口爽；驰骋畋猎，令人心发狂；难得之货，令人行妨。"

"大方无隅，大器晚成，大音希声，大象无形，道隐无名。"

"道可道，非常道，名可名，非常名。"

"天下皆知美之为美，斯恶已；皆知善之为善，斯不善已。"

"物之生也，若骤若驰，无动而不变，无时而不移，何为乎？何不为乎？夫固将自化。"

"梦饮酒者，旦而苦泣；梦哭泣者，旦而田猎。方其梦也，不知其梦也。梦之中，又占其梦焉，觉而后知其梦也。且有大觉，而后知其大梦也。"

"常无，欲以观其妙。"

"夫唯不争，故天下莫能与之争。"

不下棋的时候

学者恒沙无一悟，

过在寻他舌头路；

欲得忘形泯踪迹，

努力殷勤空里步。

——洞山良价禅师

有一个中年人，事业成功、家庭幸福，但是自己却非常苦闷，又找不出苦闷的原因，这种内在的压力日渐加深，不禁使他对整个生命的价值感到疑惑，只好去向心理医生求助。

医生听了他的烦恼之后，开给他四帖药，分别装在不同的药袋里，对他说："你明天早上九点钟以前独自一个人到海边去，九点钟打开第一帖药服用，十二点吃第二帖药，下午三点和五点吃剩下的两帖药，然后天黑的时候回家，你的病就会好了。"

他听了医生的话，第二天一大早就独自到了海边，九点钟的时候打开第一帖药，发现里面有一张纸，写了两个字："谛听。"

这帖药出乎人的意料，他就坐在海边谛听，听到海浪拍打沙滩的声音，海风掠过的声音，海鸟觅食的声音……这些大自然的声音给他一种亲切宁静之感，突然惊觉，自己的生活已经很久没有谛听了。

到中午十二点，他打开第二帖药，上面写着："回忆。"他就坐在海边静静地思索着自己的童年与成长，那些辛苦的日子里，拥有的很少，却有很多的欢乐。想起一些童年的欢笑，使他展现了难得的笑靥。

下午三点，他服食的第三帖药是"检查你的动机"，他开始检查起自己是在什么情况下踏入社会，追求名利的动机何在，现在的情况是否合乎从前的动机。

他的第四帖药是"把你的烦恼写在沙滩上"，他随地捡了一块石头，把自己心中的烦恼与苦闷都写在沙滩上，眼看还没有写完的烦恼，一下子就被海浪抚平、冲走了。

黄昏的时候，中年人从海边愉快地回家，心里的苦闷也随之开朗了。

这是教育心理学上的一个个案，我觉得是对治现代人苦闷之病的很好药方，一个人在心理上不能得到解脱，往往是沉陷其中，不能自拔的结果，若愿意转一个弯，天地就自然清朗了。

从禅的角度来看，这个故事也很符合禅的心灵开发过程，"谛听"是"外观世音"，让自己与自然冥合；"回忆"是"内观自在"，在静虑中反观自己的心；"检查你的动机"则是"莫忘初心"，不忘失最初的念头，这种动机的检查是一种"承担"；"把烦恼写在沙滩上"则是"放下"，人生究极的结局，不要说名利要放下，烦恼也要放下，为什么人总不愿意及早放下呢？

其实，这种训练，只是让我们从"当局者"跳跃出来成为"旁观者"，由迷转清而已。我们在看人下棋时，总是看到高超奥妙的棋路，但是一旦我们自己下棋，往往在焦虑的苦思里还走出荒疏的步数。那是由于我们旁观时不执着胜负，甚至不执着于棋，所以能冷静清澈地判断局面。

最好的棋手一定在下棋时有一种超乎自然的感性，在对峙中他不浮动焦急，局势不论好坏，他都保持泰然自若的态度；人生的棋也是如此，不被胜负所动，自然不会沉迷或波动了。

这也就是为什么像"谛听"、"回忆"、"检查动机"、"烦恼写在沙上"看起来没什么重要的课题，却往往是生命柳暗花明最重要的东西了。

在人生的步幅上，不是那么紧张有效的、实用利益的事物，事实上是在放松我们的心智，"放松"——舒坦坦地放在那里——有时正好是启发禅心的契机。

灵云禅师参禅参了二十几年，一直都不能开悟，有一天在禅定时抬头看到窗外盛开的桃花，突然之间，就开悟了。那一刹那的放松使他猛然地心念顿空，反观心性，就找到了，所以他写下这样的一首诗：

> 三十年来寻剑客，
> 几回落叶又抽枝，
> 自从一见桃花后，
> 直至如今更不疑。

灵云禅师和前面那一位到海边的中年人一样，是从"当局者迷"转到"旁观者清"的位置上，中年人知道怎么用更好的态度回来下人生的棋了，而灵云禅师则是开悟了广大的空性，事虽不同，理是一样的。

只是，我们有没有想过，要为苦闷的自己做一个什么样的扭转与放松呢？

第二辑

沉静的力量

只有在冬天落得很干净的树，
春天才能吐出最翠绿的芽！
只有哭得很好的人，
才能笑得很好！

抹茶的美学

日本朋友坚持要带我去喝日本茶，我说："我想，中国茶大概比日本茶高明一些，我看不用去了。"

他对我笑一笑，说："那是不同的，我在台北喝过你们的功夫茶，味道和过程都是上品，但它在形式上和日本的不同，而且喝茶在台北是独立的东西，在日本不是，茶的美学渗透到日本所有的视觉文化，包括建筑和自然的欣赏。不喝茶，你永远不能知道日本。"

我随着日本朋友在东京的大街小巷中穿梭，要去找喝茶的地方，一路上我都在想，在日本留了一些时日，喝到的日本茶无非是清茶或麦茶，能高明到哪里去呢？正沉思间，我们似乎走到了一个茅屋的"山门"，是用木头与草搭成的，非常的简单朴素，朋友说我们喝茶的地方到了。这喝茶的处所日语叫 Sukiya，翻成中文叫"茶室"，对西方人来讲就复杂一些，英文把它翻成 Abode of Fancy（幻想之居）、Abode of Vacancy（空之居），或者 Abode of Unsymmetrical（不称之居），光看这几个字，让我赫然觉得这茶室不是简单的地方。

果然，进到山门之后，视觉一宽，看到一个不大不小的庭园，零落的铺着石块大小不一，石与石间生长着短捷而青翠的小草，几株及人高的绿树也不规则地错落有致。走进这样的园子，人仿佛走进了一个清净细致的世界，远远处，好像还有极细极清的水声在响。

日本的园林虽小，可是在那样小的空间所创造的清净之力是非常惊人的，几乎使任何高声谈笑的人都要突然失声不敢喧哗。

我们也不禁沉默起来，好像怕吵醒铺在地上的青石一样的心情。

茶室的人迎迓我们，送入一个小小玄关式的回廊等候，这时距离茶室还有一条花径，石块四边开着细碎微不可辨的花。朋友告诉我，他们进去准备茶和茶具，我们可以先在这里放松心情。

他说："你别小看了这茶室，通常盖一间好的茶室所花费的金钱和心血胜过一个大楼。"

"为什么呢？"

"因为，盖茶室的木匠往往是最好的木匠，他对材料的挑选，和手工的精细都必须达到完美的地步，而且他必须是个艺术家，对整体的美有好的认识。以茶室来说，所有的色彩和设计都不应该重复，如果有一盆真花，就不能有画花的画，如果用黑釉的杯子，就不能放在黑色的漆盘上；甚至做每根柱子都不能使它单调，要利用视觉的诱引，使人沉静而不失乐趣；或者一个花瓶摆着也是学问，通常不应该摆在中央，使对等空间失去变化……"

正说的时候有人来请去喝茶，我们步过花径到了真正的茶室。房门约五尺，屋檐处有一架子，所有正常高度的成人都要低头弯腰而入室，以对茶道表示恭敬。那屋外的架子是给客人放下所携的东西，如皮包、雨伞、相机之类，据说往昔是给武士解剑放置之处；在传统上，茶室是和平之地,是放松歇息的地方,什么东西都应放下,西方人叫它"空之居"、"幻想之居"是颇有道理的。

茶室里除了地上的炉子,炉上的铁壶,一支夹炭的火钳,一幅简单的东洋画,一瓶弯折奇逸的插花外,空无一物。而屋子里的干净,好像主人在三分钟前连扫了十遍一样,简直找不到一粒灰——初到东京的人难以明白为什么这样的大城能维持干净,如果看到这间茶室就马上明了,爱干净几乎是成为一个日本人最基本的条件。而日本传统似乎也偏向视觉美的讲求,像插花、能剧、园林,甚至文学到日本料理几乎全讲究精确的视觉美,所以也只好干净了。

茶娘把开水倒入一个灰白色的粗糙大碗里,用一根棒子搅拌,碗里浮起了春天里松针一样翠的绿色来,上面则浮着细细的泡沫,等到温度宜于入口时她才端给我们。朋友说,这就是"抹茶"了,喝时要两手捧碗,端坐庄严,心情要如在庙里烧香,是严肃的,也是放松的。和中国茶不同的是,它一次要喝一大口,然后向泡茶的人赞美。

我饮了一口,细细地用味蕾品着抹茶,发现这神奇的翠绿汁液苦而清凉,有若薄荷,似有令人清冽的力量,和中国茶之芳香有劲大为不同。

"饮抹茶,一屋不能超过四个人,否则就不清净。"朋友说:"过去,茶道订下的规矩有上百种,如何倒茶、如何插花,如何拿杓子、拿茶箱、拿茶碗都有规定,不是专业的人是搞不清楚的,因此在京都有'抹茶大学'专门训练茶道人才,训练出来的人几乎都是艺术家了。"我听了有些吃惊,光是泡这种茶就有大学训练,要算是天下奇闻了。

日本人都知道,"抹茶"是中国的东西,在唐朝时候传进日本,在唐朝以前我们的祖先喝茶就是这种搅拌式的"抹茶",而且用的是大碗,直到元朝后才放弃这种方式,反倒在日本被保存了下来。如今日本茶道的方法基本上来自中国,只是因时日既久融成为日本传统,完全转变为日本文化的习性。

现在我们的茶艺以喝功夫茶为主，回过头来看日本茶道更觉得趣味盎然。但不论中日的茶道，讲的都是平静和自然的趣味，日本茶道的规模是十六世纪时茶道宗师利休所创，曾有人问他茶道有否神秘之处。他说：

"把炭放进炉子，等水开到适当程度，加上茶叶使其产生适当的味道。按照花的生长情形，把花插到瓶子里，在夏天时使人想到凉爽；冬天使人想到温暖。除此之外，茶一无所有，没有别的秘密。"

这不正是我们中国人的"平常心是道"吗？只是利休可能想不到，后来日本竟发展出一百种以上的规矩来。

在日本的茶道里，大部分的传说都是和古老中国有关的，最先的传说是说在西元前五世纪时，老子的一位信徒发现了茶，在函谷关口第一次奉茶给老子，把茶想成是"长生不老药"。

普遍为日本人熟知的传说，是禅宗初祖达摩从天竺东来后，为了寻找无上正觉，在少林寺面壁九年，由于疲劳过度，眼睛张不开，索性把眼皮撕下来丢在地上，不久，在达摩丢弃眼皮的地方长出了一棵叶子又绿又亮的矮树。达摩的弟子便拿这矮树的叶子来冲水，产生一种神秘的魔药，使他们坐禅的时候可以常保觉醒状态，这就是茶的最初。

这真是个动人的传说，虽然无稽却有趣味，中国佛教禅宗何等大能，哪里需要借助茶的提神才能寻找无上的正觉呢？但是它也使得日本的茶道和禅有极为深厚的关系，过去，日本伟大的茶师都是修习禅宗的，并且以禅宗的精神用到实际生活形成茶道——就是自然的、山林的、野趣的、宁静的、纯净的、平常的精神。

另外一个例子可以反映这种精神，像日本茶室大小通常是四席半大，这个大小是受到《维摩诘经》的一段话影响而决定的:《维摩诘经》记载，维摩诘居士曾在同样大的地方接待文殊师利菩萨和八万四千个佛弟子，它说明了对于真正悟道的人，空间的限制是不存在的。

我的日本朋友说："日本茶道走到最后有两个要素，一是个微锈、一个是朴拙，都深深影响了日本的美学观，日本的金器、银器、陶瓷、漆器，甚至大到庭园、建筑都追求这样的趣味。说到日本传统的事物，好像从来没有追求明亮光灿的东西，唯一的例外，大概是武士的刀锋吧！"

　　日本美学追求到最后，是精密而分化，像京都最有名的苔寺"西方寺"，在五千三百七十坪面积上，竟种满了一百二十种青苔，其变化之繁复，差别之细腻，真是达到了人类视觉感官的极致——细想起来，那一百二十种青苔的变化，不正是抹茶上翡翠色泡沫的放大照片吗？

　　我们坐在"茶室"里享受着深深的安静，想到文化的变迁与流转，说不定我们捧碗而饮正是唐朝。不管它是日本的，或是中国的，它确乎能使人有优美的感动，甚至能听到花径青石上响过来的足声，好像来自遥远的海边，而来的那人羽扇纶巾、青衫蓝带，正是盛唐衣袂飘飘的文士——呀！我竟为自己这样美的想象而惊醒过来，而我的朋友双眼深闭，仿佛入定。

　　静到什么地步呢？静到阳光穿纸而入都像听到沙沙之声。

　　我们离开的时候才发觉整整坐了四个小时，四小时只是一瞬，只是达摩祖师眼皮上长出千千亿亿叶子中的一片罢了。

地暖，或者春寒

> 黄花漫漫，翠竹珊珊；
> 江南地暖，塞北春寒。
> 游人去后无消息，
> 留得云山到老看。
>
> ——宝觉禅师

我们看到禅师又哭又笑、又跳又叫、又打又骂时，会觉得十分难以理解，那是因为我们用分别之眼在看禅师的不二之心，自然不能知道那站在高处的风景——在低处的时候，我们住在这个村落，想到隔山那边另外的村落很遥远，如果我们爬到了山顶，这个村落到那个村落，只是一转头、一瞬目的事了。

我童年的时候，每次随母亲回娘家，总觉得外婆住在很遥远的地方，因为是用步行、加上人小腿短，在中途都要休息好几次，好不容易抵达，和哥哥弟弟全累成一团了。不久前，我开车载母亲回去，发现十分钟不到我们就在外婆家的院子了。

这个世界是相对的，时间空间的改变，使我们对事物的看法改变，禅心也是如此，它不是用来改变生活的，而是看清生活的真实。与"禅心"相对的是"凡心"，也就是凡俗的心，是一般人眼见的世界，是迷惑于世界的变幻，禅者不同的是在这种变幻中看到了真如，体会了不动的一面。

药山惟俨禅师有一天和两位得意的弟子道吾与云严在庭院中散步，看到院子里有两棵树，一棵正繁茂地生长，另一棵则完全枯干了，药山指着两棵树问道吾：

"是枯的对，还是荣的对？"

"荣的对。"道吾回答说。

药山说："灼然一切处，光明灿烂去！"（如果是繁茂的才对，那么一切都是光明灿亮的了！）

然后，他转头问云严：

"是枯的对，还是荣的对？"

"是枯的对。"云严回答说。

药山说："灼然一切处，放教枯淡去！"（如果是枯干的才是对的，那么一切都是枯萎死寂了！）

这时候，正好一位小沙弥走过，药山就问他：

"是枯的对，还是荣的对？"

小沙弥回答说："枯者从他枯，荣者从他荣。"（枯干的让它去枯干，繁茂的让它去繁茂吧！）

药山说："不是！不是！"（你们说得都不对！）

然后就不说话了。

这个公案很有趣，启示我们，人很容易被表相所惑，其实枯干的树曾经繁茂过，繁茂的树到最后也会枯干，枯或荣只是它们的表面现象，本质是没有差别的。我们加以分别对错，就是对实相的无知；然而，如果都不理它、任它去，也是不对的，因为这就失去了认知的本体，没有自我的观照了。

若拿这个来象征禅心，禅心既不应该被繁茂之境转成光明灿烂，也不应该被枯干之周转成放教枯淡，当然，完全无为也不对。它是在内在里无所不能，在表现上有所不为，是不被境况转动，有如行云不被高山所阻挡，流水不被树竹妨碍，踏雪而过，了无痕迹。

马祖道一有一次和百丈怀海在散步，突然看见一群野鸭子飞过天空。

马祖问百丈："那是什么？"

百丈说："野鸭子！"

马祖问："野鸭子到哪里去？"

百丈答："飞过去了！"

马祖于是回头用力捏了百丈的鼻子，百丈痛得大叫失声，马祖说："野鸭子又飞过去了！"百丈听了有所省悟，等回到寺院里，自顾自地哀哀大哭。师兄弟都来问他："你在想念父母吗？"百丈说："没有！"又问："那么你是被人骂了？"百丈说："也没有！"又问："那你为什么大哭呢？"百丈说："我的鼻子被师父捏得痛到骨头了！"大家就问他："你和师父有什么因缘不契呢？"他说："你们去问师父吧！"

师兄弟一起去问马祖说："师父！百丈有什么因缘不契，正在寮房里大哭呢？"

马祖说："是他会了，你们回去问他吧！"

大家回到寮房就问百丈："师父说你已经会了，叫我们来问你！"

百丈听了哈哈大笑，大家都不得其解说："你刚刚还在大哭，现在怎么又大笑了？"

百丈说："适来哭，如今笑。"（刚刚想哭就哭，现在想笑就笑！）

百丈怀海如果生在现代，又落在俗人眼里，一定以为他的精神有问题，因为我们一般人没有这样痛快淋漓，我们总是为昨日的烦恼忧伤，或沉醉在往日的情怀里，我们总是压抑自己的情绪，想哭不敢哭，想笑不会笑！

禅师们的眼里，枯或荣、黄花或翠竹、地暖或春寒都只是境况的转换，云山总是不变的。

枯就是荣，笑就是哭。只有在冬天落得很干净的树，春天才能吐出最翠绿的芽！只有哭得很好的人，才能笑得很好！

哭是很开朗的！笑是很庄严的！只要内心处在常醒的状态，一切都是好的。

荷花之心

○○○

　　偶尔会到植物园看荷花，如果是白天，赏荷的人总是把荷花池围得非常拥挤，生怕荷花立即就要谢去。

　　还有一些人到荷花池畔写生，有的用画笔，有的用相机，希望能找到自己心目中最美丽的一角，留下不会磨灭的影像，在荷花谢去之后，回忆池畔夏日。

　　有一次遇见一群摄影爱好者，到了荷花池畔，训话一番，就地解散，然后我看见了胸前都背着几部相机的摄影爱好者，如着魔一般对准池中的荷花猛按快门，偶尔传来一声吆喝，原来有一位摄影者发现一个好的角度，呼唤同伴来观看。霎时，十几个人全集中在那个角度，大雷雨一样地按下快门。

　　约莫半小时的时间，领队吹了一声哨子，摄影者才纷纷收起相机集合，每个人都对刚刚的荷花摄影感到满意，脸上开着微笑，移师到他们的下一站，再用镜头去侵蚀风景。

这时我吃惊地发现，池中的荷花如同经历一场噩梦，从噩梦中活转过来。就在刚刚被吵闹俗恶的摄影之时，荷花垂头低眉沉默不语地抗议，当摄影者离开后，荷花抬起头来，互相对话——谁说植物是无知无感的呢？如果我们能以微细的心去体会，就会知道植物的欢喜或忧伤。

真是这样的，白天人多的时候，我感觉到荷的生命之美受到了抑制，噪乱的人声使它们沉默了。一到夜晚，尤其是深夜，大部分人都走光，只留下三两对情侣，这时独自静静坐在荷花池畔，就能听见众荷从沉寂的夜中喧哗起来，使无人的荷花池，比有人的荷花池还要热闹。

尤其是几处开着睡莲的地方，白日舒放的花颜，因为游客的吵闹累着了，纷纷闭上眼睛，轻轻睡去。睡着的睡莲比未睡的仿佛还要安静，

包含着一些些没有人理解的寂寞。

在睡莲池边、在荷花池畔，不论白日黑夜都有情侣谈心，他们以赏荷为名来互相欣赏对方心里的荷花开放。我看见了，情侣自己的心里就开着一个荷花池，在温柔时沉静，在激情时喧哗，始知道，荷花开在池中，也开在心里。如果看见情侣在池畔争吵，就让人感觉他们的荷花已经开到秋天，即将留得残荷听雨声了。

夏天荷花盛开时，是美的。荷花未开时，何尝不美呢？所有的荷叶还带嫩稚的青春。秋季的荷花，在落雨的风中，回忆自己一季的辉煌，也有沉静之美。到冬天的时候已经没有荷花，仍然看得见美，冬天的冷肃让我们有期待的心，期待使我们处在空茫中也能见到未来之美。

一切都美，多好！

最真实的是，不管如何开谢，我们总知道开谢的是同一池荷。

看荷花开谢、看荷畔的人，我总会想起禅宗的一则公案，有一位禅者来问智门禅师："莲花未出水时如何？"智门说："莲花。"

禅者又问："出水后如何？"

智门说："荷叶。"

——如果找到荷花真实的心，荷花开不开又有什么要紧？我们找到自己心中的那一池荷花，比会欣赏外面的荷花重要得多。

在无风的午后，在落霞的黄昏，在云深不知处，在树密波澄的林间，乃至在十字街头的破布鞋里，我们都可以找到荷花之心。同样的，如果我们无知，即使终日赏荷，也会失去荷花之心。

这就是当我们能反观到明净的自性，就能"竹密无妨水过，山高不碍云飞"，就能在山高的林间，听微风吹动幽微的松树，远听、近闻，都是那样的好！

沉香三盏

　　去年圣诞节，在电视上看到教宗保罗六世在梵蒂冈的子夜弥撒中"奉香"。

　　那是用一个金钵装着的檀香，正点燃着，传说借着这一盏馨香，可以把子民们祈祷的声音上达于天庭。我看到教宗提着香钵缓缓摇动祈祷，香烟袅袅而上，心里感到一种莫名的感动。突然想起幼年的一件往事，当我知道佛教道教以外，还有天主教基督教时，已是小学二年级的学生。

　　有一次我问父亲，基督教天主教到底与我们的佛教道教有什么不同呢？ 父亲漫不经心地说："他们不拜拜，也不烧香。" 这个回答大抵是对的，但后来我发现，"祈祷"在本质上与"拜拜"并无不同，只是一直不知道西方宗教是不是烧香。

　　当我看到教宗在圣坛上烧香，那种感觉就使我幼年的经验从遥远的记忆长廊中浮现出来。教宗手上的一盏香与插在祖宗神案前的香，在深一层的意义里是相同的，都是从平凡的人世往上提升，一直到我们向往的天庭。

有一回我到印度庙里，发现古老的印度宗教也是焚香的。

为什么焚了香以后，天上的诸神就知道我们的心愿呢？这个传说是从什么时候开始的呢？我不知道。依我推想，在无形中上升的烟，因为我们不知它飞往的所在，只看它在空中散去，成为我们心灵与愿望的寄托。

焚香是最奇怪的，不论何时，只要看到一炷香，心灵就有了安定的力量；相信那香不只是一缕烟，而是在遥远的地方，有一个神借着那一缕烟，聆听了我们的声音。

一位朋友从国外回来，送我一束西藏异香，香袋上写满了迁延扭曲的西藏文。由于它来自天寒的北方，辗转那么不易，使我一直舍不得点燃，好像用了以后，它烧尽了，就要损失什么一样。

春天以来，接连下了几十天的雨，人的心如同被雨腌制了，变酸发霉了，每天在屋子里绕来绕去，真是令人气闷。

打开窗，那些春雨的细丝随着微风飘进屋来，屋子里总是有着濡湿的气味。有一天，我心爱的一株麒麟草的盆景，因为连日的阴雨而有了枯萎的面貌，我看着麒麟草，心中突然感到忧郁纷乱起来。

我从柜子里取出那一束西藏异香，在书案上点了一支。那香比一般庙里的香要粗一些，它的烟也是凝聚着的，过了三尺的地方就往四周散去，屋子里猛然间弥漫着一股清香。

香给人的感觉是温馨而干燥的，抗拒着屋内的潮湿。我坐在书桌前，不看书，也不工作，只是静静的冥想，让自己的心思像一支香凝聚在一起，忧郁与纷乱缓缓地淡去了，心慢慢地清醒起来。

我是喜欢雨的，但雨应该是晴天的间奏，而不能是天气的主调；一旦雨成为天气的主调，人的心情也如雨一样，交错着找不到一个重心。然而老是下雨也是无可如何的事，这时就在屋里点一支香吧！

一支香很小，却像大雨的原野里有一座凉亭，为我保有了一块干净的土地——那时是，在江南的雨势里，还有西藏草原的风情。

喝茶常常不是为了解渴，而是为了情趣，尤其是喝功夫茶，一具小小的杯子，不能一口饮尽，而是一点点细品。

所有的茶里我最爱冻顶乌龙。冻顶不像香片那么浮，不像清茶那么涩，不像普洱那么苦，也不像铁观音那么硬；它的味道是朴拙的，它的颜色是金澄的，可以细细地品尝。

有一位朋友知道我爱冻顶，送来了一罐收藏多年的陈年冻顶，罐子上写了"沉香"两个字，沉香的色泽比冻顶要浓，气味却完全改变了。乌龙虽拙，还是有一点甘香，沉香却把甘和香蕴藏起来，只剩下真正的拙，丝毫没有火气，好像是从记忆中涤滤过的；记忆有时是无味的，却千叠万壑地幽深，让人沉浸其中，不知岁月的流转。

中国人说开门七件事"柴、米、油、盐、酱、醋、茶"，茶是敬陪末座，我觉得如果有"沉香"喝，它就往前蹿升，可以排到前面的位置。

最好的当然是在雨天，屋里点起一炷香，当微雨如星芒在屋外浮动时，泡一壶沉香，看烟香袅袅，而茶香盈胸，那时真可以做到宠辱皆忘的境界。

时到时担当

在我的家乡有一句大家常用的俗话："时到时担当，没米就煮番薯汤。"这是乐观的、顺其自然的、大约是"船到桥头自然直"，或是"兵来将挡，水来土掩"的意思。

由于在家乡的时候听惯大人讲这句话，深深印在脑海，在我离开家乡以后，每次遇到有阻碍或困厄时，这句话就悄悄爬出来，对了，时到时担当，没米就煮番薯汤，有什么大不了。这样想起来，心就安定下来，反而能自然地渡过阻难与困厄。

幼年时代，我常听父亲说这一句话，有一回就忍不住问父亲："没米就煮番薯汤，如果连番薯也没有了，怎么办？"

父亲习惯地拍拍我的后脑勺，大笑起来："憨囡仔！人讲天无绝人之路，年头不可能坏到连番薯都长不出来呀！"

确实也是如此，我们在农田长大的孩子虽然经历过许多的风灾、水灾、旱灾，甚至大规模的虫害，番薯大概是永远不受害的作物，只要种下去，没有不收成的。因此，在我们乡下的做田人，都会留出一小块地种番薯，平时摘叶子作青菜，收成时就把番薯堆在家里的眠床下，以备不时之需。在我成长的年月，我的床下一年四季都堆满番薯，每天妈妈生火做饭时抓两个丢进炉灶底的火灰里，饭熟了，热腾腾香喷喷的焖番薯也好了。

即使是抗日战争最激烈，逃空袭的那几年，番薯也没有一年歉收。

在我从前的经验里，年头真如父亲所言，不可能坏到连番薯都长不出来，推衍出来，我们知道生活里有很多的挫败，只要能挺着，天就没有绝人之路。

后来我更知道了，像"时到时担当，没米就煮番薯汤"，心里的慰安比实际的生活来得重要。只要在困难里可以坦然地活下去，就没有走不通的路，因此如何使自己的心宽广乐观地应对生活，比汲汲营营地想过好日子来得重要，归根究底乃不是米或番薯的问题，而是心的态度罢了。

"时到时担当"不仅是台湾农民在生活中提炼的智慧，也非常吻合禅宗"当下即是"、"直下承担"的精神，此时此刻可以担当，就不必忧心往后的问题，因为彼时彼刻，我们也是如此承担。假如现在不能承担，对将来的忧心也都会无用而落空了。

禅的精神与生活实践的精神非常接近，是一种落实无伪的生活观。我们乡下还有一句俗话："要做牛，免惊无犁可拖。"意思是一个人只要肯吃苦，绝不怕没有工作，不怕不能生活。这往往是长辈用来安慰鼓励找不到工作的青年，肯把自己先放在最能承担的位置，那么还有什么可惊呢？

这句话也是令人动容的。牛马在乡下，永远是最艰苦承担的象征，不过，那最重的犁也只有牛马才能拖动。学佛者也是如此，只怕自己不能承担，何惧于无众生可度呢！这样想，就更能体会"欲为诸佛龙象，先做众生马牛"的深意了。

我们不能离开世间又想求得出离世间的智慧，因为"佛法在世间，不离世间觉，离世觅菩提，犹如求兔角"，我们要求最高的境界，只有从自己的生活、自己的周遭来承担来觉悟才有可能。

佛法中有"当位即妙"、"当相即道"的说法。所谓"当位即妙"，是不论何事，其位皆妙，就像良医所观，毒有毒之妙，药有药之妙。所谓"当相即道"，是说世间浅近的事相，都有深妙的道理。——世间凡事都有密意，即事而真，就看我们有没有智慧了。

"时到时担当，没米就煮番薯汤"也应该做作如是观，真到没有米必须吃番薯汤的时候，是不是也能无怨，品出番薯也有番薯的芳香，那才是真正的承担。

墨　趣

　　在日本，朋友带我去参观一个"书道"教室，他们正在办展览，在教室的四周全挂满了书法，是用汉字写的，每一幅书法的尺寸都一样，长三尺，宽一尺半。

　　更有趣的是，所有展出的书法都只有两个字，就是"墨趣"。但字体的差异极大，有大有小，有竖有横，而且正、隶、行、草无所不包。

　　那些书法字体虽无所不包，而且也知道全是学生的作品，从字面上看来，却仿佛看到每一幅字都是用尽全力似的，我们中国人形容书法之美，常用"力透纸背"、"铁画银钩"、"龙飞凤舞"，这些毛笔字全合于这几个形容词。可以看出都是练书法有一段时间之后的作品。

　　主持的人向我们介绍，这一次的展览全是同一次上课的成果，他们规定学生在一小时中只写"墨趣"两个字，除了纸张的尺寸之外，其余的完全自由，但是每个人只有一张纸，写坏了不准涂改，人人只有一次

机会。

为什么做这样的规定呢?

主持的人说:"那是为了让学生了解思考和专注对于写字的重要,一小时写十个字是容易的,但一小时只写两个字就难了,通常学生会坐在纸前思考很久,落笔时就非常地专心,往往能写出比平常时候境界更好的作品。"

在事前也并未对学生说明要展览的事,事后把所有的作品展览出来,学生便可以互相观摩,看看同样写两个字,别人用什么态度和心情来写,并且可以从字的安排来看见字体与空间的关联性。

"空间是非常重要的,一个人在写字时了解到空间之美,在生活上就很容易从各层次了解到空间的美了。"主持人对我们说。

当我知道,在这个书道教室中学书法的学生大部分是中年人,更令我感到吃惊。他们利用空闲时间来练书法,不只是要把字练好而已,而是确信书道有静心的作用。所以一般日本的书道教室不仅教写字,也教静心,每次把文房工具铺在矮桌子上,学生先对着白纸静心一段时间,才开始写字。

"心静则字好。"那位白发苍苍的书道教室主人严肃地说,透过翻译,听起来就像格言一样。

据老先生说,他们也时常做别种形式的教学,例如让学生不经过静心就开始练字,使学生了解静心对于书道的重要;或者让学生在一小时里写一百字,用以和一小时写两字做比较,使学生了解专注思考的重要性。

"一直到学生体会到'静心'与'专注'的重要时,他才可以正确地了解到'空'并不是一无所有,我们写的是'书',而介于字与字间的空才是'道'。"

从书道教室出来,我的心中颇有感怀,书法原是中国的产物,可是在我国正逐渐地没落，甚至连小学的书法课都要取消，在日本竟然还如此兴盛，那是由于他们把普通的写毛笔字和"道"相结合，并使其有了一个深远的思想与艺术的内涵。

我想到多年以前，与画家欧豪年一起到东京，欧先生由于写了一手好字，大受日本人崇敬，许多人为了请他在书上题字，甚至排队买他定价上万元的画册。

但是，欧豪年先生告诉我，多年来，他写字、画画的工具全是购自东京银座的"鸠居堂"，不用台湾生产的纸笔墨砚，是由于我们在纸笔墨的制造上实在远逊于日本。我曾与欧先生同赴"鸠居堂"，那是一幢专卖书画用具的大楼，有选自世界各地的笔、墨、纸、砚，看得人眼花缭乱，感叹日本在短短数十年间，成为世界经济与文化的大国，不是没有原因的。

在全世界地价最昂贵的银座，有专卖笔墨的百货公司，也可见书道之盛。

日本禅学大师铃木大拙曾指出：所有的日本艺术和日本文化最显著的特色，全是来自禅道的基本认识，而且禅道所把握的从内而外展现生命与艺术的能力，正是东方人气质中最特殊的东西。

我十分羡慕日本人在接到中国禅宗的棒子之后，把禅无所不在地融入生活与艺术之中，像建筑、园艺、戏剧、绘画、书法，乃至诗歌、饮茶、武艺等等，到处都是禅的影子，我们甚至可以说日本的美学就是"禅的美学"。

在生活里也是一样，日本人似乎不论贫富，都十分注重生活与空间的细节，即使在深山的民居，也都是一丝不苟，纤尘不染，颇有禅宗那种纯粹的、孤寂的味道。

我想可以这样说，日本禅虽传自中国，主体是中国禅的承袭，但他们在"用"的方面做得淋漓尽致，这一点，实在是令人自叹弗如的。

从日本回来后，我每次写字面对棉纸的时候，就会想到"一小时写两个字"和"一小时写一百字"是大有不同的，这就好像是人生的过程，散步与快跑也是大有不同，不过，舒缓一些、专注一些、轻松一些，总是对人的身心比较有益。

我也想到，"静心"与"思考"不只对于书道有用，人应该使静心与思考成为本分，成为生活的一部分，接待每一刻的时间就好像接待一位远来的贵宾，要静定心神、清除杂念，把最好、最纯净、最优美的心情拿出来款待名叫"时间"的这位贵宾，因为他和我们相会只是一刹那，立刻就要远行，并且永远不会回来接受第二次的款待了。

若写字，有这种好心情、庆祝的心情、迎接贵宾的心情，那么每一个字都会有道的展现，每一个字都有人格的芳香。

一个字，就足以显示个人生命与万有空间的庄严。

一朵花，就足以显示整个春天的美丽。

一角日光，就足以显示宇宙的温暖与辉煌。

一片落叶，就足以显示秋天飞舞着的萧瑟。

一瓣白雪，就足以显示了，大约在冬季的一切信息呀！

大地原是纸砚，因缘的变迁则是笔墨，就在我们行住坐卧的地方，便有墨趣。

宇宙万有的墨趣，正是禅的表现；寻常生活的墨趣，则是禅的象征。

在每一个静心的地方、思维的地方、专注的地方、观照的地方，禅意正在彼处。

人人关于生命的纸都一样，长三尺，宽一尺半，只有一张纸，只有一次机会，写坏了不准涂改，所以我们应该坐下来想一想，再来着墨呀！

三昧华无相

心地含诸种，

遇泽悉皆明；

三昧华无相，

何坏复何成。

——南岳怀让禅师

学习禅道的人都必须学习打坐，没有静坐观心就无法开启实相。但是，打坐的学习在禅修里占了什么位置呢？靠着严格的静坐是不是可以使人悟道呢？静坐与悟道的关系究竟如何？这是很值得深思的问题。

我们先来看《景德传灯录》的一个故事，在唐朝开元年间，马祖道一去参礼南岳怀让习禅。

道一每天在传法院里坐禅，常常一坐就是一整天，怀让知道他是法器，有一天走过去问他："你整天坐禅究竟是图个什么？"

道一说："图作佛！"

怀让于是顺手取了一块砖，在石头上磨起来。道一觉得很惊异，问说："师父在作什么？"

怀让说："图作镜！"

"磨砖头，怎么能作镜子呢？"道一问。

"坐禅，哪里可以成佛呢？"怀让立刻反问道。

道一被问得心惊，说："那么该怎么办呢？"

怀让说："就好像人驾车子走，车子不肯走，是打车子好呢？还是打牛？"道一无对，师父继续说：

> 汝学作禅，为学作佛？
>
> 若学坐禅，禅非坐卧；
>
> 若学坐佛，佛非定相；
>
> 于无住法，不应取舍。
>
> 汝若坐佛，即是杀佛；
>
> 若执坐相，非逢其理。

（你是学作禅呢，还是学成佛？如果是学坐禅，禅并不在坐卧里面；如果要学成佛，佛并没有一定的相貌，不能在无住法里有所取舍。如果说打坐就能成佛，就是在杀佛，因为打坐并不是通达实相的目的呀！）

道一听了好像饮了醍醐一样，礼拜师父问道："那么，怎么用心，才合乎无相三昧呢？"师父说："汝学心地法门，如下种子，我说法要，譬彼天泽。汝缘合故，当见其道。"（你学习心地法门就好像种下一颗种子，我说的法要是天上的雨，当因缘会合时，就会见到真实之道了。）

"道没有色相，又怎么能看见呢？"道一问。

"心地如果有法眼，就能见道，也能见到无相三昧。"师父说。

"道有成坏吗？"道一又问。

"如果以成坏聚散而见道的人，不是真正的见道呀!"怀让说。接着，他就为道一说了诗偈"心地含诸种，遇泽悉皆明；三昧华无相，何坏复何成。"道一至此完全开悟，心意超然，侍奉师父长达十年之久。

马祖道一后来成为禅宗的一匹壮马，是六祖慧能之后最有影响力的人物，他求道的历程，正是非常清楚地说明了打坐与禅悟之间的关系，道不在坐，打坐只是观心求悟的方法，若说打坐是道，好像磨砖作镜一样，也好像牛车不走，打车子而不打牛一样的愚笨!

打坐与三昧的关系也是如此，打坐，甚至是进入禅定，都是开启三昧的方法，希望能得到般若智慧，最后证得空性实相，很显然的，不应该把坐禅当成是悟的本身，它只是一种姿势而已。我们看历代伟大的禅师开悟之机多不是在蒲团上，则可知悟道不在打坐。

因为，若一个人期待从打坐得悟，那就有事可为，但悟的实相是无所得而得；若认为禅悟必须在蒲团上奋斗，就会忽视日常生活的悟，而般若之智正是不达而达；若从打坐中想争得一片青天，就会忘却青天自在，本来具足不必争夺。

不管打坐或不打坐，应该在生活里保持求悟的态度，埋下一粒信心的种子，对自己说："我可以悟，这是一个必然的事实，我要用醒觉的态度生活以求悟，我的觉性要在蒲团上、在行住坐卧、在一切处所。"然后用平静清明的心地等待无相的三昧花开起。

观音观

隔山见烟，早知是火；

隔墙见角，便知是牛；

举一明三，目机铢两。

——克勤圆悟禅师

　　每天当我把一把花插在瓶子的时候，偶尔会想到，这一个美丽的一百年前的瓷器花瓶，从前只是一把泥土，偶然地被某一个早已作古的匠人捏塑、拉坯，放在烈火中焚烧，才形成其精致坚硬的质地，也是偶然地被人卖进竹北的古物铺子。然后在一个偶然的下午，朋友约我去逛古董店，偶然地被我看见，我随意出了价钱，店主人觉得合适，就偶然被我购得了。

　　这真是难以想象的，就在身边随便的一个瓶子里，我们就看见许多偶然的因缘，生命与宇宙间的一切都是缘起缘灭，并不是那么难以观照的。

接着我就想到，这一把眼前美如朝霞的花，过几天它就会凋落了。就好像做这只花瓶的匠人早就离开这个世界，说不定拥有过它的主人也有一些已经死亡一般，从一只花瓶、一束花，也知道无常并不是那么难以观照的。

进而想到，这古董花瓶如果不小心被打破了，我一定会非常伤心，甚至会有几天吃不下饭，睡不着觉，那时候我会陷入一种执着，认为花瓶是属于"我"的，破了真是可惜呀！其实，我是忘了，再名贵的瓷器花瓶，它的实相只是一把泥土罢了，为什么我竟会为了一把泥土回归大地而伤心呢？我也忘记了，这花瓶如果不被打破，它会存在这世界上，我会先它而去；如今打破了，也只是意味着因缘散了吧！

再深入一层的观照，我、一只瓶子、一把花都是相同的东西，在时空交会下偶尔产生的，瓶是泥土做的，花是吸收泥土的养分而来，我也是由大地养育而成，我和自然间的事物本来也是如此，平等而没有分别。

这世界，如果我们有观照的心，就可以看见六识之内一些更深层的事物，就像隔一座山看见天空中飘动的烟，早知道山的那头有火在燃烧了。

对自己意念的觉醒与察知也是如此，我们的意念之烟不会无故冒出，在冒出的时候，其源头必然有一些东西先燃烧了，比较可惜的是，有些人不但看不见烟，也不知道火，甚至在轮回中焚身也不自知。

能看见外在的烟，也能看内在的火，这是一种观照的心。观照的心是禅者十分重要的锻炼，从自我观照而观照世界，内在与外在都乾坤朗朗，那时就可以说是进入禅的阶梯了。

我一直很喜欢观世音菩萨的观照方法，他在修观的过程是很有禅意的，在《楞严经》里观世音菩萨曾自道修观的方法，他说：

"我从闻思修,入三摩地,初于闻中,入流亡所。所入既寂,动静二相,了然不生。如是渐增,闻所闻尽,尽闻不住,觉所觉空,空觉极圆,空所空灭,生灭既灭,寂灭现前。忽然超越世出世间,十方圆明,获二殊胜:一者上合十方诸佛本妙觉心,与佛如来同一慈力;二者下合十方一切六道众生,与诸众生同一悲仰。"

　　这一段观世音菩萨的耳根圆通法门,常被称为"观音法门",说明了观照的过程,先是见性而打破动静之相,进而空明与觉性至极圆满,超越世间与出世间的一切境界,最后与诸佛一样,有大慈的能力;与众生无二,有大悲的仰止。可见,观照实在是除了正定之外,禅者极重要的修行法,其实,定与观也不能判然分别,因为"静而后能定,定而后能照",唯有大观照的境界才能定慧等持呀!

　　什么是大观照呢?《观世音菩萨普门品》对这种大观照曾有过清楚的描述,只要我们三诵斯偈,就可以体验那种广大且深刻的观照,而得到清喜的禅悦了:

　　　　真观清净观,广大智慧观;
　　　　悲观及慈观,常愿常瞻仰。
　　　　无垢清净光,慧日破诸暗;
　　　　能伏灾风火,普明照世间。
　　　　悲体戒雷震,慈意妙大云;
　　　　澍甘露法雨,灭除烦恼焰。

　　读《楞严经》和《普门品》的时候,我常恍然觉得观世音菩萨是一个伟大的禅师呢!

采更多雏菊

不可以一朝风月，

昧却万古长空；

不可以万古长空，

不明一朝风月。

——善能禅师

有一个八十五岁的年老的女人被问到："如果你必须再来一次，你要怎么生活？"

那个老女人说："如果我能够再活一次，下一次我一定对更少的事情采取严肃的态度，我一定要放松，我一定要使自己更柔软灵活，我一定敢去犯更多的错误，我一定要冒更多的险，我一定要作更多旅行，我一定要爬更多山，渡更多河；我一定要吃更多冰淇淋，更少豆子……"

"我是一个去到每一个地方都要带温度计、热水瓶、雨衣和降落伞的人，如果我可以再来一次，我一定要比这一生携带更轻的装备旅行……"

"我是一个每天、每小时都过得很明智、很理性的人。我只享受过某些片刻，如果我要再来一遍，我一定享受更多的片刻，我一定不要其他什么东西，只要尝试那些片刻，一个接一个，而不要每天都活在未来的几年之后。"

"如果我必须再活一次，我一定要在更初春就开始打赤脚，然后一直维持到深秋。我一定要跳更多的舞，我一定要坐更多的旋转木马，我一定要摘更多的雏菊。"

这是印度修行者奥修在《般若心经》里讲的一个故事，接着他做了这样的评述："尽可能尽兴地去过这个片刻，不要太理智，因为太理智导致不正常，让一些疯狂存在你心里，那会给予生命热情，使生活更加充满朝气，让一些无理性一直存在，那会使你能够游戏，使你能够有游戏的心情，那会帮你放松，一个理智的人完全停留在头脑里，他没有办法从头脑下来，他生活在楼顶上。你要到处都能生活，这是你的家，楼顶上，很好！一楼，非常好！地下室，也很美！到处都能生活，这是你的家。我要告诉这个年老的女人：不要等到下一次，因为下一次永远不会来临，因为你会丧失前世的记忆，同样的事情又会再度发生。"

我们在生活里通常会遇到类似的问题："如果你再活一次！""如果再从头开始！"大部分人的经验都是充满遗憾的，希望下一生能够弥补（如果真有下一生的话），极乐世界或者天堂正因为这种弥补而得以形成。只有极少数人知道，下一世是渺茫的寄托，不如从此刻做起。这些人使我们知道世界有更活泼的风景，我就认识好几位到了老年才立志做艺术家的；我也认识几位七十岁才到"国民小学"读补校的老人。

最近，我遇到一位七十五岁的老人，他热爱旅行，他的朋友时常劝阻他，因为担心他会死在路上，他说："死在路上也是很好的事。"不久前，他到大陆旅行，生了一场大病，上吐下泻，别人又劝告他，他说："陌生的旅途，总有不可预料的事，在那里生病总比没去过好！"

每次看到这样用心生活在当下的人，都使我有甚深的感悟。

我们的生命是由许多片刻所组成的，但是我们容易在青少年时代活在未来，在中老年时代沦陷于过去。真正融入片刻，天真无伪生活的只有童年的时代了。禅者的生活无他，只是保持在片刻的融入罢了，活在当下，活在眼前，活在现成的世界。

因此，我们对生命如果还有未完成的期盼，此刻就要去融入它，不要寄望于渺茫的来生，活在一个又一个的片刻里，到死前都保有向前的姿势，只要完全融入一个纯粹天真的片刻，那也就够了。有很多人活在过去与未来的交错、预期、烦恼之中。从来没有进入过那个片刻呢！

我们来看奥修在片刻上怎么说："你不要等到下次，抓住这个片刻，这是唯一存在的时间，没有其他时间。即使你是八十五岁，你也可以开始生活，当你是八十五岁，你还会有什么损失吗？如果你春天打赤脚在沙滩上，如果你搜集雏菊，即使你死于那些事，也没什么不对。打赤脚死在沙滩上是正确的死法，为搜集雏菊而死是正确的死法，不管你是八十五岁或十五岁都没有关系，抓住这个片刻！"

痛苦来的时候

视生如在梦，

梦里实是闹；

忽觉万事休，

还同睡时悟。

——司空本净禅师

有一次我到一间寺庙去，看到寺庙后山盖了一个小小的关房，关房门口用极粗的木条封住，问了寺庙里的人，说是有一位法师在里面闭生死关，已经闭了许多年。

所谓的生死关，就是在入关前发愿，从此不再出关，一直到死为止，这是修行者能闭的最大的关了，我听到的时候，不禁肃然起敬。

"不过，很可惜，这位师父到中途的时候破关了，这是第二次闭关了！"寺里的人告诉我。

"为什么破关呢？"我问。

"因为闭关到第三年的时候，患了牙痛。"

"牙痛和生死有什么关系呢？"这一点使我感到十分好奇。

他说，有一天听见山上的关房哀叫的声音，跑上山查看，才知道闭关的法师牙齿痛得厉害，可是生死关又不能随便破，只好跑到山下的市镇找来牙医，牙医上山一看，建议法师暂时破生死关到城中就医，因为牙医的仪器巨大笨重，不可能搬到山上来。

法师起初执意不肯，忍了几天，发现再也忍不下去了，只好下山就医，等医好牙齿再重新闭生死关了。

听完这个故事，我绕着法师的关房绕行三匝，心里的感触很深，我们学禅修行的人动不动就说要了脱生死，要打破生死牢关，可是当生命的痛苦来袭时就会发现，了脱生死并没有那么容易。随便一个感冒就会使我们咳得全身震动，随便一个偏头痛就会使我们昏天暗地，随便一个牙痛就会使我们满地乱滚，生死关头哪有如此简易！

人生痛苦的本质就是很有修行的人也不能免除，何况是我们凡夫呢？

在《俱舍论》里分析过人生痛苦的本质分成三种：

一、苦苦——痛苦逼恼我们是苦的。

二、坏苦——快乐败坏时是痛苦的。

三、行苦——人生的无常生灭迁流是痛苦的。

这是为什么佛陀在第一次说法，就说出"四圣谛"的原因。四圣谛就是"苦集灭道"：

苦——人生的本质是苦的。

集——苦的聚集是由于迷妄、烦恼和习气。

灭——灭掉苦的根本欲爱就能入涅槃。

道——这是唯一的解脱之路。

因此，我们可以这样说，禅的修行是对"苦集"的真实认识，然后直趋于"灭道"，那最基础的东西就是觉悟，觉悟到只要在世间，痛苦就是不可免的，要免除痛苦的方法就是出生死，是截断生死的大河。

即使是佛陀，在他的一生也有过许多病痛，他晚年得了风湿，是在雪山苦行时受了风寒，他吃了不新鲜的食物也和一般人一样的拉肚子。在佛经里，只要两个佛见面，座下的菩萨就会互相地问："世尊少病少恼安乐行否？"（《法华经》）可见佛菩萨的病痛不见得是很少的，只是他们在痛苦之际有一个不动不染的清净的心。

这清净之心，使人可以在受屈时忍辱，在病苦时觉悟，在业障来时忏悔，在波动滚滚的人间生起智慧与定力。这清净的心使我们知道痛苦也不离因缘法，也是在生住异灭之中，世上并没有永不消失的痛苦呀！

寒山问拾得说：

> 世间谤我、欺我、辱我、笑我、轻我、贱我、厌我、骗我，如
> 何处治？

拾得说：

> 只是忍他、让他、由他、避他、耐他、敬他、不要理他，再过
> 几年，看他如何？

这里的他不只是外境，也可以用来面对人生的一切痛苦烦恼，禅者在痛苦来的时候不忧不畏、不浮不没，那是因为有深刻的定力，知道"法地不动，一切皆安"，知道"心净则国土净"，不被烦恼痛苦所转，而

是坦然地面对和包容烦恼痛苦，渡过难关。

每一个痛苦的难关都是一个生死关呀！

掬水在手

一颗明珠，

在我这里；

拨着动着，

放光动地。

——元庵真慈禅师

　　从前有一个大商人名叫波利，和五百个商人乘船到海上寻找宝藏。

　　正在海中的时候，海神突然从海中钻出来，手里捧着一捧淡水问波利说："是海里的海水多呢？还是我手里的一捧淡水多呢？"

　　波利回答海神说："当然是一捧淡水多，因为海水虽然广大无量，却不能饮用，对饥渴的人等于没有。一捧淡水虽然看起来很少，对正在饥渴的人，给他喝下，就能解救他的性命。"

这是记载在《法句譬喻经》华香品的一个寓言，它告诉我们一个修行者应该回到眼前，如果只是幻想着遥远的来生就仿佛是望着无量的大海，并不能解决我们眼前的饥渴。

有一个笑话，和这个寓言颇有相似之处：

有一个旅行者想要横越沙漠，当他走到沙漠中间的时候迷路了，准备的口粮与饮水都用完了，旅行者绝望地在沙漠爬行，突然眼睛一亮，看见沙漠中有一个神灯，他高兴极了，赶紧把神灯捡起来摩擦。

果然，神灯里的巨人从灯中出来，说："主人，您需要什么服务吗？"

旅人说："请给我水！"

"我这里没有水。"

"那么，请给我一些食物。"

"我这里也没有食物。"

旅人提出了许多现实迫切的要求，巨人都不能给他，最后，旅人失望得很，低声地问："那么，你究竟可以给我什么？"

巨人说："我可以给您这世界上最好最宝贵的东西，那就是佛法。"

旅人听了，昏死在茫茫的沙漠里。

这时我们看到一些重要的观点，佛法虽然珍贵，如果不能拿到现实人生来用，那么佛法也将失去它的意义，这样说，可能有点实用主义或功利主义，其实不然，它应该说成是落实主义，是使佛法落实到此生此世的生活。

在佛教的修行方法中，几乎都是对人生有益的，不过，其中以禅宗的修行特别注重"当下""眼前""脚下"，是要先好好珍惜手中的一捧水，接着才能谈到大海的水，或者遍天下的水。

自己的水虽不能自外于宇宙之水，但宇宙有广大的水却也不能代替我手中的水。在理论上，我知道，此水不异于彼水；但在事实上，我也知道，一切水都不能取代我手中的一捧水。

云门文偃禅师有一次拿出一支锡杖对弟子们说：

"这锡杖能变成一条龙，而且能气吞天地，请问它从何处捞起山河大地？"

一支锡杖如何捞起山河大地呢？这是一个象征，说明一个开悟者可以与天地自然合而为一，锡杖虽小，山河虽大，若能有悟就能融合一体。

我也是一样，我的一捧水是很少，但"掬水月在手，落花香满衣"，也可以是无限。不论如何，要解决我的口渴，必须先由我手中的一捧水开始。

阿阇世情结

雨散云收后，

崔嵬数十峰；

倚阑频顾望，

回首与谁同？

——庆元师瑞禅师

　　释迦牟尼佛的大护法摩揭陀的国王频毗娑罗，晚年遭遇了一连串的不幸事件，他的儿子阿阇世太子阴谋夺取王位。

　　在佛陀的堂弟提婆达多的唆使下，对他说："你做新王，我做新佛。"阿阇世太子于是把父王幽闭在七重塔里，要活活把父王饿死。结果，母后韦提希夫人在身上涂蜜，并把炒大麦粉包在丝绸里，在允许会面的时候拿给国王吃。

这件事被阿阇世知道了，非常震怒，把母后也幽禁起来。后来，阿阇世受到堂弟耆婆的劝谏，悟到自己的杀父之非，想请父王原谅，就登上七重塔。在塔里的频毗娑罗王听见儿子登上楼梯的沉重脚步声，以为儿子要拿刀亲自杀掉自己，为了不让儿子成为弑君杀父的罪人，频毗娑罗王遂从塔上跳落，自杀身亡。

狱中的韦提希夫人极为哀痛，对佛陀说："唯愿世尊，为我广说无忧恼处，我当往生，不乐阎浮提浊恶世也。此浊恶处，地狱饿鬼畜生盈满，多不善聚，愿我未来，不闻恶声，不见恶人。"佛陀便把十方诸佛的净土都化现给韦提希夫人看，最后，韦提希选择了阿弥陀佛的极乐净土。（这段在《观无量寿佛经》的故事，就是信仰西方净土的起源。）

佛陀最有力量的大护法频毗娑罗王为什么会受这样的恶报呢？根据佛经的记载，频毗娑罗王和韦提希王后中年时膝下犹虚，去求教于一位占卜师，占卜师告诉他们，有一个修行的老婆罗门将会是他们的儿子，必须等到那老婆罗门死亡时，王后才会怀孕。

频毗娑罗王看到老婆罗门，心想不知道要等到哪一年老婆罗门才会死，于是杀了老婆罗门缩短其寿命，果然在杀掉老婆罗门后，王后就怀孕了。

王后怀孕后，国王再度去请教占卜师，占卜师预言将来此子降生后必会弑父。在阿阇世太子出生之时，国王因为惊恐而将他从楼上丢下，结果并未摔死，只摔断一根手指。

阿阇世太子长大后，听说了这件事，前世与此世的恶缘同时被点燃，再加恶人提婆达多怂恿，终于犯下滔天大罪。阿阇世弑父后，内心非常悔恨，日夜流泪，泪水滴到身体，全结成焦疤疮痂，到后来连合掌都不能，这时，佛陀出现在他的面前。教化他任何人都是罪恶深重，只要深自忏悔，仍可清净见佛。

阿阇世于是皈依佛陀，成为佛教的大护法，佛灭度后，迦叶尊者结集经典时，一切资具都由他供养。后来在经典中，他被称为"转轮圣王第一"。

许多佛教学者研究过阿阇世太子弑父囚母的心理挣扎，称之为"阿阇世情结"，其过程有点类似莎士比亚的哈姆雷特，不同的是，哈姆雷特是戏剧，阿阇世却是历史实有的人物，而且连贯着前世与今生，里面有着人的痛苦、挣扎与救度。

最使我感到动容的是佛对阿阇世的弑父囚母也允许他的忏悔，使我们知道内在的彻底转换与革新是可能的。大珠慧海禅师有一次被问到："一心修道，过去业障得消灭否？"

禅师说："不见性人，未得消灭，若见性人，如日照霜雪，又见性人，犹如积草等须弥山，只用一星之火，业障如草，智慧似火。"

像须弥山一样高大的业障，只要一星星的智慧之火就能燃尽呀！

阿阇世王的情结虽然重重纠结，经过彻底的革新，却成为佛陀后半生最大的护法，这里面有着深深的禅意，禅的无善无恶不是没有是非观念，而是鼓励人从心底上改革创造，去迈向究竟之路。

在阿阇世的生命中，前半生为痛苦与仇恨折磨；后半生则因新生命的开发得到了超脱；他的前半生是可悯的，但后半生是可敬的，他的可悯来自他的可敬，他的可敬也是由于他的可悯。

我们生命的情结都还没有像阿阇世那么严重，我们内在的革新当然是更可能的了。再进一步思维阿阇世太子从悬崖中跃起的那种精神正是禅所说的"顿悟"，也使我们更体会到从达摩以来常说的："拿心来，我帮你安！""本自无缚，何处求解"的慈悲了。

安心的时候

坐断恒沙界，

全心一物无；

浮云都散尽，

独耀一轮孤。

——君峰慧通禅师

在禅师开悟的过程中，似乎有一种状况产生在开悟之前，就是祈求安心。

"开悟"往往被人解得太玄，其实，如果我们把"开悟"二字拆开来看，"开"就像门被往外推一样，门外门内原本被一个木板区隔，用力一推，那区隔就打破了，打破区隔的门是一种"开"，使得门内的人可以看到门外优美的风景，门外的空气与消息也就能飘然入室。

"悟"则在左边是"心",右边是"吾",用白话说是"我的心"。我的心有两层含意,第一层是我的心本来就有了,第二层是我的心要由我自己来开。

因此,"开悟"是"打开我的心",是极容易了解的,比较难的反而是找到门的所在,我们把找门的所在称之为安心的过程。安心之前,则是"觅心"。

二祖慧可对达摩祖师说:"我心不宁,乞师与我安心。"

达摩说:"将心来,与汝安。"

慧可沉默半晌,说:"觅心了不可得。"

达摩说:"与汝安心竟。"

从这一段对话,我们知道禅宗所说的"心"是无形无相的,不是心脏的那个心,既然是无形无相,何处可以觅得呢?既然不能觅得,就没有安不安的问题了。

禅宗的衣钵传到六祖,六祖慧能为了担心别人的争夺,向南方潜走;首先被惠明追到,惠明问了法,心中还有疑惑,问说:"上来密语密意外,不复有密意否?"

六祖说:"与汝说者,即非密也。汝若返照,密在汝边。"

当六祖说秘密就在你的身边,惠明得到了安心,他感慨地说:"惠明虽在黄梅,实未省自己面目,今蒙指示,如人饮水,冷暖自知。"

"如人饮水,冷暖自知"的成语典出于此,我们喝水的时候不但冷暖自知,而且是自饮自解渴,这种以自为灯,观照自心的态度,必须建立在"密在汝边"的深刻信心上。

照理说,像慧可或惠明的问题,禅者都是知道的,可是它解决了慧可和惠明的迷惑,并没有解决其他人的问题,像大珠慧海禅师去参马祖,马祖问说:"来作什么?"

慧海说:"来作佛!"

"自家宝藏不顾，抛家散走作什么？我这里一物也无，求什么佛法？"

慧海又说："哪个是慧海自家宝藏？"

"即今问我者是，一切具足，使用自然，何假外求？"

接下来，经典上说"慧海言下自识本心，作礼而去"，我时常在思考禅典中常用"言下自识本心"的句子，有那么多修行者的例子摆在我们前面，我们在未参之前应该都已"自知本心"，但"自识"为什么那么难呢？另一个例子或者可以说明。

六祖要入灭的时候，石头希迁禅师还是小沙弥，还未开悟，就担心地问六祖："师父呀！您百年以后，不知道我应该去追随哪一位师父？"

六祖说："寻思去！"

六祖入灭以后，石头每天都坐在静处苦苦寻思，大师兄就问他："你每天空坐在那里干什么？"

石头说："我是禀着先师的遗诫，在寻思呀！"

大师兄说："寻思？哎呀！你搞错了，师父的意思是你应该去参访行思和尚，不是叫你苦苦寻思呀！"

石头听了心眼豁开，就起程去见青原行思禅师。

"你从什么地方来？"青原问他。

石头说："曹溪。"

"你在曹溪得到什么来？"

"我到曹溪前也没有失去什么。"

"既没有得到什么，又没有失去什么，那么你到曹溪去干什么？"

"如果不曾到曹溪去，怎么知道没有失去什么？"

我觉得这一段对话是禅宗里非常有趣的对话，它是反复思量辩证，来看自己的本心。"本心"是人人本有的，因此没有得的问题，既然是本有，也不会失去，故也没有失的问题。

那么，得失又是什么呢？参访老师又是什么呢？

参访老师是由师父指示我们的宝珠，不是他给我们宝珠，得失则是自己找到宝珠，开悟者寻找到宝珠，这只是显露，并不是得，迷失的人则是不知自己有宝珠的人，只是宝珠暂时隐藏，也并不是失去。

想要寻求安心法门的人在此便得到一个入处了，安不是找一个东西来辅助，而是"金屑虽珍爱，在眼亦为病"的那个安，是直指真心而扫除习染的安。这种安是见到本性，而有着灵觉，就像达摩祖师说的："佛是西国语，此土云觉性。觉是灵觉，应机接物，扬眉瞬目，运手动足

皆是自己灵觉之性,性即是心;心即是佛,佛即是道;道即是禅。"又说:"见本性为禅,若不见本性,即非禅也。"

可是,安心的时候、开悟的时候,是不是还需要修行呢?沩山禅师在被问到这个问题时说:"如今初心虽从缘得,一念顿悟自性,犹有无始旷劫习气未能顿净,须教渠净除现业流识,即是修也。"

说得多么好!安心的时候不是最后的一刻,而是在黑暗中点灯的一刻,要如何继续亮着灯,不再被业风吹熄,才是最重要的呀!

再谈神会

无念念者，即念真如；

无生生者，即生实相。

无住而住，常住涅槃；

无行而行，即超彼岸。

——菏泽神会禅师

在《六祖坛经》里记载，菏泽神会禅师去见六祖时只是十四岁的孩子，六祖看他聪慧，问他说：

"知识远来，大艰辛！将本来否？若有本则合识主，试说看。"

（你这么远走来见我，辛苦你了。你是不是识得本来面目呀？如果你识得本来面目就认识了自己的主人，你试说看看。）

神会回答说："以无住为本，见即是主。"

（我以无住为本来面目，以见性做主人。）

六祖听了说："这沙弥！争合取次语！"

（你这小沙弥，学人家说一些剩下来的话，不是你自己的话呀！）

神会就问说："和尚坐禅，还见不见？"

（大师父！你坐禅的时候，见还是不见呀？）

六祖于是用拄杖打了神会三下说："吾打汝，是痛不痛？"

神会："亦痛亦不痛。"

六祖："吾亦见亦不见。"

神会："如何是亦见亦不见？"

六祖说："吾之所见，常见自心过愆，不见他人是非好恶，是以亦见亦不见。汝言亦痛亦不痛如何？汝若不痛，同其木石，若痛，则同凡夫，即起恚恨。汝向前见不见是二边，痛不痛是生灭，汝自性且不见，敢尔弄人！"

（我的见是常见自己的过错，我的不见是不见别人的是非好坏，所以说也见也不见。你说也痛也不痛就不通了，你如果挨打不痛就和木头石头一样，如果痛，就会起烦恼瞋恨，便与凡夫一样。你问我打坐见不见是两边的道理，我问你痛不痛则是生灭法，你连自性都没有见到呢！竟敢来捉弄人！）

神会听了教诲，就顶礼谢罪，从此在六祖身边服侍学习，不离左右。

在《宋高僧传》里也记载了神会初见六祖的另一段对话。

六祖："从何所来？"

神会："无所从来！"

六祖："汝不归去？"

神会："一无所归！"

六祖："汝太茫茫。"

神会："身缘在路。"

六祖：“由自未到。”

神会：“今已得到，且无滞留。”

一个十四岁的小沙弥说出这样的话，使我们知道，神会实在是聪明绝顶、辩才锋利、胆识过人了。这时候，神会对自性、坐禅、开悟已经很有认识，只是还没有见性罢了。

年少的神会意气风发，锋芒毕露，在六祖座下大概是时常抢着发言的。过了一阵子，有一天六祖向大家开示说：

“各有一物，无头无尾，无名无字，无背无面，诸人还识否？”

（你们各有一物，没有头尾、名字、前后，有人认识吗？）

神会立刻站出来说：“是诸佛之本原，神会之本性。”

六祖斥责他说：“向汝道无名无字，汝便唤本原佛性。”（刚刚还特别说没有名字，你还称它做本原佛性！）

神会只好礼拜退下去。好几次，神会自以为悟到了什么，总是被六祖斥了回去，他在这些经验里逐渐体会到了佛性的真意，《景德传灯录》里记载了他与六祖“六问六答”的精彩对话，我们可以看到六祖对待这个徒弟是如何有耐心，而神会又是如何一再追问以破心中的谜团。

现在举两问为例：

神会问：“戒定慧如何使用？戒何物？定从何修？慧因何处起？所见不流通。”

六祖答：“定则定其心，将戒戒其行，性中常慧照。”

神会问：“先定后慧，先慧后定，定慧初后，何生为正？”

六祖答：“常生清净心，定中而有意；于境上无心，慧中而有定。定慧等无先，双修自心正。”

接受了长期的磨练，神会已成为六祖座下传心的弟子，当六祖向众弟子宣布要舍报示寂的时候，弟子们都流泪涕泣不止，只有神会，神情不动，亦无涕泣，六祖于是对大家说：“神会小师，却得善而不善等，毁誉不动，哀乐不生，余者不得。"

（神会虽然年纪小，却能对善与不善平等对待，诽谤赞誉都不动于心，悲哀心与欢乐心都不生起，你们其余的人都比不上他呀！）

神会对生死真的已经解脱，他晚年时，乡人跑到菏泽寺通报，他俗家的父母都过世了，神会于是入堂击槌对大众说："我的父母俱丧，请大众一起念摩诃般若金刚经。"大众才集合好，还没有念，他又打槌解散大众说："劳烦大家了！"

当他出来宣扬顿悟禅时，有人告诉他所攻击的度门神秀是"两京法主，三帝国师"，以这样大的人物为敌，不是与自己的生命有仇吗？

神会侃侃而说："我今谓弘扬大乘，建立正法，令一切众生知闻，岂惜身命？"

此等气概，令人震动，这样为了正法置生死于度外，被多次流放而心无挂碍的胸怀，使神会活到了九十三岁，《景德传灯录》关于他的死只有四个字："奄然而化。"

我们最后看他语录中的一段，就可以知道他的气概是从多么雄壮的胸怀中流出，他说：

"决心证者，临三军际，白刃相向下，风刀解身，日见无念，坚如金刚，毫微不动。纵见恒沙佛来，亦无一念喜心。纵见恒沙众生一时俱灭，亦不起一念悲心。此是大丈夫，得空平等心。"

想修证的人，就是面对三军，利剑当胸，也要坚固得像金刚，丝毫不为所动，就是见到恒河沙一样多的佛来，也不生起一念欢喜，见到恒沙数众生一时消灭，也不生一念悲哀的心，这才是得到空性平等的大丈夫——我们修行者都要有神会这样的气概才好呀！

第三辑

重的东西，轻轻放下

禅心不是生活的背反，
而是把脚步举起，
跨过一条理智与逻辑的界限，
用直观来对应生活。

乌铁茶

有一位朋友，独自跑到木栅的观光茶区去经营茶园，取名为"乌铁茶区"。据说，他是接下了一个患病农民的茶园，原因是自己很想做出一些自己喜欢的茶，让自己喝了欢喜，朋友喝了也欢喜。

"你喜欢的茶是什么呢？"

"中国的两大名茶，一是乌龙，一是铁观音，乌龙清香，铁观音喉韵好，这两种茶是完全不同的，我在少年时代就常想，有没有可能使两味变成一味呢？就是把乌龙和铁观音的优点融合，消除它们的缺点，所以把自己的茶园取名为乌铁茶园。"

"使两味合成一味"可能只是朋友的理想，但他在实验的过程中，却创造了许多滋味甚美的茶来，也由于有一个渴盼创造的心灵，他理想的茶虽未出现，对于人生、对于茶已经有了全新的体验。

他说："当我心中有使乌龙与铁观音合一的愿望时，事实上那种茶已经完成了，虽然还没有做出来，总有一天会做出来。"

我走在朋友种的井然有序的茶园，看到洁白的小茶花，不禁想起禅师所说的："家舍即在途中"，当一个人往理想愿望迈进的时候，每一步历程其实都与目标无异，离开历程，目标也就不存在了。

问题是，历程的体验与目标的抵达虽是一味，由于人自心的纷扰，它就成为百味杂陈了。

一味，不是生活里的柴米油盐，而是内心的会意。

一味，不是寻找一种优雅的生活，而是在散乱中自有坚持；在夏日，有凉爽的心，在冬天，有温暖的怀抱。

生命里的任何事都没有特别的意义，在平凡中找到真实的人，就会发现每一段每一刻都有尊贵的意义。

雀舌鹰爪

经营茶园的朋友，嫌现在的茶做得太粗，于是用手工采茶，用手工制茶，做出一种最好的茶，取名为"莲心茶"。

"莲心茶"只取茶最嫩的茶芽制成，一芽带两叶，卷曲有如莲子的心。

以茶芽制茶古已有之，《梦溪笔谈》说："茶芽，古人谓之雀舌麦颗，言其至嫩也。《贡茶录》说："茶芽有数品，最上曰小芽，如雀舌鹰爪，以其劲直纤挺，故号芽茶；次曰拣芽，乃一芽带一叶者，号一枪一旗；次曰中芽，乃一芽带两叶，号一枪两旗；其带三叶四叶者，皆渐老矣！"

莲心茶必须在春天，气候晴和的早上去采，这时茶树吸收了昨夜的雾气，茶芽初发，一芽一芽地拮下来。

朋友说，现在的农夫觉得这样采茶芽太费工了，不符合成本效益，使得雀舌鹰爪徒留其名，早已成为传说了。

"但是，最好的总要有人去做，纵使被看成傻子也是值得的。"朋友说。

是的，最好的总是要有人做，我为朋友那种真挚求好的态度感动了。

他每年只做几斤莲心茶，只卖给善饮茶的人，每人限购二两，他说："最好的茶只给会喝的人，但是不能太多，太多就不会珍惜了。"

法也是一样吧！这个世间有许许多多的法，法味都不错，但最好的总要有人去做，即使被看成傻子也是值得的。

体会茶的心

不过，做茶也不能一厢情愿，而要体会茶的心。

朋友有一种很好的茶，叫"月光茶"，是在春天的夜间，用探照灯采的。他用探照灯在夜间采，曾被茶山的人看成是疯子。

他说："有一天，天气很热，我自己泡一壶茶喝，觉得茶里面还带着暑气，心里想，如果在有露水的夜里采茶，茶在夜露的浸润下，茶树的心情一定很好，也就没有暑气了。"

想到就做，竟让他做出像"月光茶"这样的茶来，喝的时候仿佛看见月光下吐露着清凉的茶园，心胸为之一畅。想到"冻顶乌龙"之所以比"乌龙"好，那是因为终年生于云雾风霜的极冻之顶，好像能令人体会茶里那冰雪的心。

我们与茶互相体会，与人间的因缘也要互相体会，作为佛教徒的人时常会觉得高人一等，自以为是众生的母亲，但是反过来想，我们已经在轮回中受生无数次，一切众生必都曾是我的母亲，这些在过去世中无数无量曾呵护、照顾、体贴、关爱过我们的母亲呀！如今就在我的四周。

一切众生为了生活，得不停忙碌地工作；一切众生为了呵护子女，要累积财富；以致他们没有时间全力修持佛法，但，不能修持佛法的母亲还是我最亲爱的母亲呀！我愿他们都拥有最美好的事物，也愿他们一切幸福。

如是思维，心遂有了月光的温柔与清凉。

不可轻轻估量

朋友来看我，知道我喜欢喝茶，都会带茶来送我，因此就喝到许多未曾想过的茶，像桂花茶、紫罗兰茶、菩提叶茶都还是普通的，有人送我决明子茶、芭乐叶心茶、荔枝红、柚子茶等等，各种奇怪的加味茶。

今天，一位朋友带来一罐人参乌龙茶，听说是乌龙茶王加美国人参制造的，非常昂贵。

我说："如果是很好的乌龙，就不会做成人参乌龙茶；如果是最好的人参，也不必做成人参乌龙茶。所以，所谓人参乌龙茶，应该都是次级的人参与次等的乌龙制造的。"

朋友听了哈哈大笑。

我说，这是实情，因为最好的茶不必加味，凡是加味者，都不是用最好的茶去做的。

朋友是来告诉我，某地又出现一位新的禅师，某地又出现一位新教主，某地又有一位宣称证得大圆满境界，由于是以神通经验来号召，信徒趋之若鹜。

他问我："你看这是真的？还是假的？"

我说："你管他是真是假，我们只要照管自己的心就好了。"

他又问："为什么台湾社会，近年来每年都会出现这样的人呢？"

我说："你觉得呢？"

"我觉得是社会竞争太厉害了，有一些人循正常的管道奋斗，不可能成功，最快成功的方法是自称教主、祖师、证得某种境界，因为这既有名有利，也不需要时间、不需要本钱，只要会演戏就好了。而且群众也无法去做检验，就像我要和人做生意，总会先调查他的信用，过去的经验有迹可循，可是这社会上自称成就的人往往是无迹可循的。你认为我的看法怎样？"

"很好！"我说，"我还是觉得最好的茶是不用加味的，最好的法也是一味，对待加了许多味的法，与对待加了许多味的茶一样，要谨慎，不可轻轻估量！"

然后我们泡了一壶人参乌龙茶喝，不出所料，不是最好的茶叶，也不是最好的人参。

风格的芬芳

在南部六龟的深山里，有一种野生茶，近年已成为茶界乐道的茶。

野生茶听说已生长百余年的时间，是日据时代，或是清朝种在深山里而被人遗忘的茶树，由于多年未采摘，长到有一层楼高。

野生茶的神奇就在于每一棵的茶味都不一样，有独特的风格，例如有一棵有蜂蜜的味道，一棵有牛乳的味道，一棵有莲花香，这不是加味，是自然在茶叶中长成的。

因此，采野生茶的人要带许多小袋子，每一棵茶树采的装一袋，烘焙时也要每一棵分开，手工精制。这样费时费力做出来的茶，自然是价昂难求，有时有钱也买不到。

我在朋友家品尝野生茶，果然，每一棵都很不一样，我最喜欢带有莲花香的那一棵，喝的时候一直在寻思，为什么茶叶会自然长出莲花的香味呢？为什么会每一株茶的味道各自不同呢？

我想到，一棵茶树在天地间成长壮大，在时空中屹立久了，自然会形成一种独特的风格，这风格既不会妨碍它做一棵平常的茶树，但却有与一切茶树完全不同的芬芳。人也是如此，处于法味久了，自然形成风格，这风格不会使他异于常人，而是在人间散放了不同的芳香。

寒天饮茶知味在

与懂茶的人喝茶，有时候也挺累人，因为到后来，只是在谈对于茶的心得，很少真的用心喝茶，用的都是舌头。

有一天，一位素来被认为会喝茶的朋友来访，我边泡茶，边说：

"今天我们可不可以完全不谈茶的心得，只喝茶？"

朋友呆住了，说："我光喝茶，不谈茶，会很难过的。"

我说："我们过于讲究茶道而喝茶，会忘记喝茶最根本的意义，喝茶第一是要解渴，第二是兴趣，第三是有好心情，第四是有好朋友来，对茶的研究反而是最末节的了。"

然后，我们坐下来，喝茶！

那时候觉得赵州的"吃茶去！"讲得真好。

雪夜观灯知风在，寒天饮茶知味在，除了专心喝茶，我们并不做什么。喝了几盏茶之后，朋友说："今天真好，我现在知道茶不是用舌头喝的了。"

我想到，法眼文益禅师被一位学生问道："师父，什么是人生之道？"

他说："第一是叫你去行，第二也是叫你去行。"

是的，什么是饮茶之道，第一是叫你去喝，第二也是叫你去喝。

什么是佛法之道，第一是叫你去实践，第二也是叫你去实践。

"有没有第三呢？"朋友说。

"有的，第三是叫你行过了放下！"

这金黄色的茶汤呀！这人生之河的苦汁呀！这中边皆甜的法味呀！

一味万味，味味一味。

喝时生其心，喝完时应无所住，如是如是。

达摩茶杯

在日本买了一个枣红色的杯子，外面的釉彩是绿色、蓝色、黄色绘成的达摩祖师像，在日本的达摩造型比较不像印度人，像是一个没有种族特征的孩子，圆墩墩的，带着无邪的笑意。

我不仅在茶杯上看见这样的达摩，也在灯笼上看过，在酒壶酒杯上看过，甚至有许多被制成不倒翁与玩偶、面具。

达摩祖师几乎已经成为日本人的图腾，甚至彻底地日本化了，日本人大概是最崇拜达摩的民族了，在达摩的出生地印度，早已没有人知道达摩这一号人物；在达摩后半生游化的中国，虽然也敬仰达摩，但也没有到无所不在的地步。

我曾在台北的中山北路艺品店，看过许多达摩的画像；也曾在苗栗的三义乡，看过许多达摩的雕刻；大陆的石弯陶也有许多达摩作品……初始，我以为中国人总算没有忘了达摩，后来才知道，那些作品绝大部分是为日本观光客做的。

不止达摩，像以寒山、拾得为画像的"和合二仙"在日本也很流行；像以布袋和尚为画像的，我们把他当成弥勒佛，在日本却是七福神，是民间祭祀的对象。

在日本，达摩祖师如此风行，在中国，为什么反而日渐被漠视呢？我们在禅风大起的时代，要如何来看待达摩祖师呢？

读过日本茶道书籍的人，都知道日本茶道开宗明义的第一章便与达摩祖师有关，传说菩提达摩在少林寺面壁九年的时候，由于想追求无上觉悟心切，夜里不倒单，也不合眼，由于过度疲劳，沉重的眼皮撑不开，最后他毅然把眼皮撕下来，丢在地上。

就在达摩丢弃眼皮的地方，长出一株叶子翠绿的矮树丛（树叶就像眼睛的形状，两边的锯齿像睫毛），那些在达摩座下寻求开悟的徒弟，也面临眼皮撑不开的情景，有的徒弟就摘下一片又绿又亮的叶子咀嚼，顿时精神百倍。

于是，就把"达摩的眼皮"采下来咀嚼或泡水，产生一种奇妙的灵药，使他们可以更容易保持觉醒状态，这就是茶的来源。

这个传说之所以在日本流行，是因为日本人的武士道，性格决然，会以"想睡觉了就把眼皮撕下来"来达成目的，可是中国的祖师是反对"吃时不肯吃，百般思索；睡时不肯睡，千般计较"的，主张"吃饭时吃饭，睡觉时睡觉"比较合乎禅的精神。

其次，日本人认为达摩面壁九年，是在寻求无上正觉，从史实来看，达摩来中国时已经正觉，他是来寻找"一个不受人惑的人"，也就是来度化有缘的。少林寺的九年面壁，只不过是期待合适的弟子予以教化罢了。

因于"达摩的眼皮子"的传说，把达摩的像绘在茶壶茶杯上，给了我们一个觉醒的启示，喝茶不只在解除口舌上的热渴，而是要有一个觉醒的心来解除人生烦恼的热渴。

达摩被我们视为"禅宗初祖"，但是他的名声虽大，他的思想却很少人知道，根据学者的研究考证，达摩真正思想的所在，应该最接近后世流传的《二入四行论》。

"二入"是从两种方法进入禅悟，一是"理入"，就是要勤于教理的思维，认识教理，解除生命的盲点，然后才能舍伪归真。二是"行入"，就是以生命来实践，以佛的教义实际的履行，除去爱憎情欲，以进入禅法。

这就是"不受人惑"的入门呀！

以达摩祖师之教化，后世禅宗分为"贵见地不贵行履"，或"贵行履不贵见地"，实际上都有违祖师教化，走入极端了。

见地是为了提升境界，实践是为了印证境界，前者是未登山顶而知道山顶有好风光，后者是一步一步地登山，一定要爬上山顶的时候，才能同时汇流，豁然贯通！

"四行"是体验修证佛道的四种具体的行法，即"报冤行""随缘行""无所求行""称法行"。

"报冤行"是指我们所遇到的一切苦难，都是从前恶缘的会集结果，故无所埋怨的承受。

"随缘行"是指我们所遇到的一切喜庆成就，乃是从前善缘的成果，故应无所执着骄满。

"无所求行"是指世人由于有所贪求，才会迷惑不安，如果能无所求，就能无所愿乐、万有皆空，安心无为，顺道而行。

"称法行"是明白本性清净才是究竟的法，所以在世间一切法上，无染无着、无此无彼，虽然自利利他，也能安住于空法。

达摩祖师的"二入四行"可以说是禅宗根本的理趣所在，如果能从此进入，就可以安心于道了。达摩祖师曾对两位大弟子慧可、道育说了一段重要的话：

令如是安心，如是发行，如是顺物，如是方便，此是大乘安心之法，令无错谬。如是安心者壁观，如是发行者四行，如是顺物者防护讥嫌，如是方便者遣其不着。

我把达摩祖师的"二入四行"，简单地说：禅的修行是从"有意"超入"无心"，无心即是本性清净的意思，在本性清净的大原则下，一个人如果有多少执着，就含有多少的束缚，减少束缚的方法，就是去化解执着——在见地上化解、在实践中化解、在行止里化解，到了解无可解、化无可化之境，心也就清净了。

一切生活中的事物，不都可用二入四行来给予直观吗？即使微细如喝茶这样的小事，在直观中，也能使我们身心提升到清净之处呀！

我喜欢日本茶道的四个最高境界，叫作"和敬清寂"，和是"心存和平"，敬是"心存感恩"，清是"内在坦荡"，寂是"烦恼平息"。

"和"是"报冤行"，即使是生命中最大的困顿，也能与之处于和谐的状态。

"敬"是"随缘行"，感恩那些使我能随顺生活的事物和人，有崇仰之想。

"清"是"无所求行"，是内心永远晴空万里，有亮丽的阳光，无所贪求和企图。

"寂"是"称法行"，是止息一切波动，安住于平静。

和敬清寂不是呆板的，而是活泼的，就像火炉里的木炭经过热烈的燃烧，保留了火的热暖，而不再有火的形貌；人在烦恼烈焰之中亦如是，燃烧过后，和合相敬清朗静寂，但不失去智慧的光芒与慈悲的温暖。

我在用达摩祖师的茶杯喝茶的时候，时常想起他的一首偈：

亦不睹恶而生嫌，

亦不观善而勤措，

亦不舍智而近愚，

亦不抛迷而求悟。

试着译成白话：

不必看到坏的人事就生起嫌恶的心，

不必看到好的事功就生起企图的心；

不必舍弃智慧而去靠近愚痴的景况，

也不必抛弃散乱生活去追求悟的境界！

也就是说，如果手里有一杯茶，就好好地来喝一杯吧！品味手上的这一杯，不必管它是乌龙，还是铁观音，不必管它是怎么来到我的手上。如果遇见人生的情境，不必管它是好是坏，怎么独独落在我的头上，就坦然地饮下这一杯苦汁或乐水吧！

如果还没有手上的茶，那么来煮一壶水，把水烧开了，抓一把茶叶，准备喝一杯吧！忙乱的生活如此燥热，没有清凉的茶无以消火解渴；烦恼的生命如此焦渴，缺少一杯法雨甘露，生命的长途就更郁闷难耐了。

我手上的达摩茶杯，很愿意借给有缘的人！

吾心似秋月

白云守端禅师有一次与师父杨岐方会禅师对坐，杨岐问说："听说你从前的师父茶陵郁和尚大悟时说了一首偈，你还记得吗？"

"记得记得，那首偈是'我有明珠一颗，久被尘劳关锁；一朝尘尽光生，照破山河万朵。'"白云毕恭毕敬地说，不免有些得意。

杨岐听了，大笑数声，一言不发地走了。

白云怔坐在当场，不知道师父听了自己的偈为什么大笑，心里非常愁闷，整天都思索着师父的笑，找不出任何足以令师父大笑的原因。那天晚上他辗转反侧，无法成眠，苦苦地参了一夜。第二天实在忍不住了，大清早就去请教师父："师父听到郁和尚的偈为什么大笑呢？"

杨岐禅师笑得更开心，对着眼眶因失眠而发黑的弟子说："原来你还比不上一个小丑，小丑不怕人笑，你却怕人笑！"白云听了，豁然开悟。

这真是个幽默的公案，参禅寻求自悟的禅师把自己的心思寄托在别人的一言一行，因为别人的一言一行而苦恼，真的还不如小丑能笑骂由他，言行自在，那么了生脱死，见性成佛，哪里可以得致呢？

杨岐方会禅师在追随石霜慈明禅师时，也和白云遭遇了同样的问题，有一次他在山路上遇见石霜，故意挡住去路，问说："狭路相逢时如何？"石霜说："你且躲避，我要去那里去！"

又有一次，石霜上堂的时候，杨岐问道："幽鸟语喃喃，辞云入乱峰时如何？"石霜回答说："我行荒草里，汝又入深村。"

这些无不都在说明，禅心的体悟是绝对自我的，即使亲如师徒父子也无法同行。就好像人人家里都有宝藏，师父只能指出宝藏的珍贵，却无法把宝藏赠予。杨岐禅师曾留下禅语："心是根，法是尘，两种犹如镜上痕，痕垢尽时光始现，心法双亡性即真。"人人都有一面镜子，镜子与镜子间虽可互相照映，却是不能取代的。若把自己的喜怒哀乐寄托在别人的喜怒哀乐上，就是永远在镜上抹痕，找不到光明落脚的地方。

在实际的人生里也是如此，我们常常会因为别人的一个眼神、一句笑谈、一个动作而心不自安，甚至茶饭不思、睡不安枕；其实，这些眼神、笑谈、动作在很多时候都是没有意义的，我们之所以心为之动乱，只是由于我们在乎。万一双方都在乎，就会造成"狭路相逢"的局面了。

生活在风涛泪浪里的我们，要做到不畏人言人笑，确是非常不易，那是因为我们在人我对应的生活中寻找依赖，另一方面则又在依赖中寻找自尊，偏偏，"依赖"与"自尊"又充满了挣扎与矛盾，使我们不能彻底地有人格地统一。

我们时常在报纸的社会版上看到，或甚至在生活周遭的亲朋中遇见，许多自虐、自残、自杀的人，理由往往是："我伤害自己，是为了让他痛苦一辈子。"这个简单的理由造成了许多人间的悲剧。然而更大的悲剧是，当我们自残的时候，那个"他"还是活得很好，即使真能使他痛苦，他的痛苦也会在时空中抚平，反而我们自残的伤痕一生一世也抹不掉。

纵然情况完全合乎我们的预测，真使"他"一辈子痛苦，又于事何补呢？

可见，"我伤害自己，是为了让他痛苦一辈子"，是多么天真无知的想法，因为别人的痛苦或快乐是由别人主宰，而不是由我主宰，为让别人痛苦而自我伤害，往往不一定使别人痛苦，却一定使自己落入不可自拔的深渊。反之，我的苦乐也应由我做主，若由别人主宰我的苦乐，那就蒙昧了心里的镜子，有如一个陀螺，因别人的绳索而转，转到力尽而止，如何对生命有智慧的观照呢？

认识自我、回归自我、反观自我、主掌自我，就成为智慧开启最重要的事。

小丑由于认识自我，不畏人笑，故能悲喜自在；成功者由于回归自我，可以不怕受伤，反败为胜；禅师由于反观自我如空明之镜，可以不染烟尘，直观世界。认识、回归、反观自我都是通向自己做主人的方法。

但自我的认识、回归、反观不是高傲的，也不是唯我独尊，而应该有包容的心与从容的生活。包容的心是知道即使没有我，世界一样会继续运行，时空也不会有一刻中断，这样可以让人谦卑。从容的生活是知道即使我再紧张再迅速，也无法使地球停止一秒，那么何不以从容的态度来面对世界呢？唯有从容的生活才能让人自重。

佛教的经典与禅师的体悟，时常把心的状态称为"心水"，或"明镜"，这有甚深微妙之意，但"包容的心"与"从容的生活"庶几近之，包容的心不是柔软如心水，从容的生活不是清明如镜吗？

水，可以用任何状态存在于世界，不管它被装在任何容器，都会与容器处于和谐统一，但它不会因容器是方的就变成方的，它无须争辩，却永远不损伤自己的本质，永远可以回归到无碍的状态。心若能持平清净如水，装在圆的或方的容器，甚至在溪河大海之中，又有什么损伤呢？

水可以包容一切，也可以被一切包容，因为水性永远不二。

但如水的心，要保持在温暖的状态才可起用，心若寒冷，则结成冰，可以割裂皮肉，甚至冻结世界。心若燥热，则化成烟气消逝，不能再觅，甚至烫伤自己，燃烧世界。

如水的心也要保持在清净与平和的状态才能有益，若化为大洪、巨瀑、狂浪，则会在汹涌中迷失自我，乃至伤害世界。

我们在现实生活中所以会遭遇苦痛，正是无法认识心的实相，无法恒久保持温暖与平静，我们被炽烈的情绪燃烧时，就化成贪婪、嗔恨、愚痴的烟气，看不见自己的方向；我们被冷酷的情感冻结时，就凝成傲慢、怀疑、自怜的冰块，不能用来洗涤受伤的创口了。

禅的伟大正在这里，它不否定现实的一切冰冻、燃烧、澎湃，而是开启我们的本质，教导我们认识心水的实相，心水的如如之状，并保持这"第一义"的本质，不因现实的寒冷、人生的热恼、生活的波动，而忘失自我的温暖与清净。

镜，也是一样的。

一面清明的镜子，不论是最美丽的玫瑰花或最丑陋的屎尿，都会显出清楚明确的样貌；不论是悠忽缥缈的白云或平静恒久的绿野，也都能自在扮演它的状态。

可是，如果镜子脏了，它照出的一切都是脏的，一旦镜子破碎了，它就完全失去觉照的功能。肮脏的镜子就好像品格低劣的人，所见到的世界都与他一样卑劣；破碎的镜子就如同心性狂乱的疯子，他见到的世界因自己的分裂而无法起用了。

禅的伟大也在这里，它并不教导我们把屎尿看成玫瑰花，而是教我们把屎尿看成屎尿，玫瑰看成玫瑰；它既不否定卑劣的人格，也不排斥狂乱的身心，而是教导卑劣者擦拭自我的尘埃，转成清明，以及指引狂乱者回归自我，有完整的观照。

水与镜子是相似的东西，平静的水有镜子的功能，清明的镜子与水一样晶莹，水中之月与镜中之月不是同样的月之幻影吗？

禅心其实就在告诉我们，人间的一切喜乐我们要看清，生命的苦难我们也该承受，因为在终极之境，喜乐是映在镜中的微笑，苦难是水面偶尔飞过的鸟影。流过空中的鸟影令人怅然，镜里的笑痕令人回味，却只是偶然的一次投影呀！

唐朝的光宅慧忠禅师，回为修行甚深微妙，被唐肃宗迎入京都，待以师礼，朝野都尊敬为国师。

有一天，当朝的大臣鱼朝恩来拜见国师，问曰："何者是无明，无明从何时起？"

慧忠国师不客气地说："佛法衰相今现，奴也解问佛法！"（佛法快要衰败了，像你这样的人也懂得问佛法！）

鱼朝恩从未受过这样的屈辱，立刻勃然变色，正要发作，国师说："此是无明，无明从此起。"（这就是蒙蔽心性的无明，心性的蒙蔽就是这样开始的。）

鱼朝恩当即有省，从此对慧忠国师更为钦敬。

正是如此，任何一个外在因缘而使我们波动都是无明，如果能止息外在所带来的内心波动，则无明即止，心也就清明了。

大慧宗杲禅师也有一个类似的故事，有一天，一位将军来拜见他，对他说："等我回家把习气除尽了，再来随师父出家参禅。"

大慧禅师一言不发，只是微笑。

过了几天，将军果然又来拜见，说："师父，我已经除去习气，要来出家参禅了。"

大慧禅师说："缘何起得早，妻与他人眠。"（你怎么起得这么早，让妻子在家里和别人睡觉呢？）

将军大怒："何方僧秃子，焉敢乱开言！"

禅师大笑，说："你要出家参禅，还早呢！"

可见要做到真心体寂，哀乐不动，不为外境言语流转迁动是多么不易。我们被外境的迁动就有如对着空中撒网，必然是空手而出，空手而回，只是感到人间徒然，空叹人心不古，世态炎凉罢了。禅师，以及他们留下的经典，都告诉我们本然的真性如澄水、如明镜、如月亮，我们几时见过大海被责骂而还口，明镜被称赞而欢喜，月亮被歌颂而改变呢？大海若能为人所动，就不会如此辽阔；明镜若能被人刺激，就不会这样干净；月亮若能随人而转，就不会那样温柔遍照了。

两袖一甩，清风明月；仰天一笑，快意平生；布履一双，山河自在；我有明珠一颗，照破山河万朵……这些都是禅师的境界，我们虽不能至，心向往之，如果可以在生活中多留一些自己给自己，不要千丝万缕地被别人迁动，在觉性明朗的那一刻，或也能看见般若之花的开放。

历代禅师中最不修边幅，不在意别人眼目的就是寒山、拾得，寒山有一首诗说：

吾心似秋月，

碧潭清皎洁；

无物堪比伦，

更与何人说！

明月为云所遮，我知明月犹在云层深处；碧潭在无声的黑夜中虽不能见，我知潭水仍清。那是由于我知道明月与碧潭平常的样子，在心的清明也是如此。

可叹的是，我要用什么语言才说得清楚呢？寒山大师在很久很久以前就有这样清澈动人的叹息了！

你能钉补虚空吗？

炼得通红打一锤，

周遭无数火星飞；

十成好个金刚钻，

摊向街头卖与谁？

——保宁勇禅师

有一位以钉补为业的人叫胡钉铰，他去参访宝寿禅师，宝寿禅师问他："你不就是那个以钉补闻名的胡钉铰吗？"

胡钉铰谦虚地回答："不敢，正是在下。"

宝寿禅师说："你既然那么会钉补，你有办法钉补虚空吗？"

胡钉铰也不是等闲人物，他回答说："请师父把虚空打破，我就来钉补！"

宝寿禅师不说话，举棒便打，把胡钉铰迎头痛打一顿，胡钉铰于是求饶说："师父不是要打破虚空吗？不要错打了我呀！"

宝寿气呼呼地说："我现在不说为什么打你，日后你遇到了多嘴的师父，自然会对你点破。"

胡钉铰不能明白师父的意思，只好告辞离开，后来到了赵州禅师那里，把宝寿打他时的那一段话拿来问赵州。

赵州问他："你知道自己为什么被打吗？"

胡钉铰说："我也不知道自己错在什么地方。"

赵州说："你的虚空里就破了你这一条缝，被打又有什么奈何！"

胡钉铰听了突然有所省悟。

这是非常有趣的公案，宝寿因为胡钉铰是钉补专家，所以用"钉补虚空"来开启他，胡钉铰自鸣得意地请禅师把虚空打破，认为只有先打破才能修补，万万没想到禅师举棒就是一顿好打，因为打破了外相的执着，正是在打破虚空。也可以这么说：胡钉铰不能了解空义，自己犹如虚空的一道裂缝，自己都不能修补我执的裂缝，谈什么修补虚空呢？幸好赵州禅师为他点破，使他得悟。

鼓山珪禅师后来为这个公案写了一首诗：

> 一缝分明在，
>
> 当头下手难；
>
> 饶君钉铰得，
>
> 终是不完全。

意思是那一道裂缝分明在那里，可是要下手去缝补是很难的，即使能补得好，也不是原来那么完全了。

这个公案使我们了解禅师的教化是很重视对象、时机、方法的，如果胡钉铰不是钉补为业，宝寿禅师不会用修补虚空来教化，而当时不说破，是要给他一个反省的时间，这个方法对胡钉铰适用，对别的弟子就不适用了。

我们展读禅宗公案，有时候难以体会，原因是，禅师的教化很重视个别的差异、个别的开导，那是因为每一个人的病要给不同的药吃，这就是"应病与药""因机说法"，所以我们要理解公案，就要回到公案发生的现场去体悟，去进入那一个个别开导的对象、时机与方法，才能有所会通，公案也就不是那么难以领会了。

大慧宗杲禅师曾经说过，只要能对症下药，有时候捡一根草也能治病，如果不能对症，就是人参、朱砂等贵重的药材也没有用处。

因而我们读禅的公案，如果有不能理解的地方，也不必妄自菲薄，那是因为我们不在那个时机里面，我们也不是那个对象。当然，如果能有省悟就更好了。

我们现在再来举一个公案，说明时机与对象的重要：

日本曹洞宗的祖师道元禅师，有一天看到一位年老的典座（典座就是寺庙里主厨的人）拄着手杖在晒香菇，他的眉毛全白了，背也驼了，他已经八十六岁了，还在大太阳下晒香菇。

道元看了不忍，说：

"这种工作为什么不找别人来做呢？"

老典座说："别人不是我呀！"

道元说："你的见解很高超，不过，现在太阳这么大、这么强烈，你何必这么辛苦呢？"

老典座回答说："如果不是现在，不是太阳这么大，那么，什么时候我才能晒这些香菇！"

这真是精彩的对话，是两位开悟者之间的应答，开示我们当下的时机是多么重要，这正是《请益录》里说的："或出或处，或语或默，都为佛事。"是把世法和佛法打成一片了。但这打成一片，需要时机、对象、方法，缺一不可。

我们再来看一个故事：从前有一位尼姑去参访西余净端禅师，禅师告诉她第二天的三更五点再来。

第二天一大早，西余净端禅师搽粉点胭脂，扮成女人的样子坐着，尼姑进来，见到禅师扮的女人，大吃一惊，当下就开悟了！

禅的启发开悟就是如此奇妙，就像打铁时飞起的火星，有时与最好的金刚钻一样，只是不知要卖给谁，如果我们正站在十字街头，恰好时机也对，就买到了。

梅花扑鼻香

尘劳回脱事非常,

紧把绳头做一场;

不是一番寒彻骨,

怎得梅花扑鼻香?

——黄檗希运禅师

黄檗希运禅师的这首诗已经成为人人会诵的诗,这是他在给门人开示时随口诵出的句子,意思是要把尘世的烦恼脱却是非常困难的事,因此要紧紧抓住心头的绳子痛下参禅功夫,如果不是寒冰彻骨,又如何会有梅花扑鼻的芳香呢?黄檗原来是勉励弟子痛下苦功修行,现在则普遍用来勉人要能忍苦耐劳,成功不是偶然的。

黄檗禅师是百丈怀海座下的大禅师,除了这首脍炙人口的诗,黄檗

的语录中还有一段时常被引用说明禅悟后的境界，有人问他说："如何得不落阶梯？"

他说："终日吃饭，未曾咬着一粒米；终日行，未曾踏着一片地。与么时，无人我等相。终日不离一切事，不被诸境惑，方名自在人。"

有一次，黄檗在佛殿上礼佛，有沙弥问他："不着佛求，不着法求，不着众求，长老礼拜，当何所求？"

他回答说："不着佛求，不着法求，不着众求，常礼如是事！"

这表现了黄檗禅师自然行事的态度，他不执着于佛、法、众生的追求，只是在那里礼拜而已，礼拜的本身已经一切具足，还有何求？

我们再回来看黄檗的诗"不是一番寒彻骨，怎得梅花扑鼻香"，在说这句话时，禅师是把一个修行者比成梅花，进入了梅花之骨，与梅花合而为一，在寒冬之际，开放出自己的芳香。

这两句诗给我们一个很好的启示，让我们解开公案、语录，与开示的秘密，禅师们的语句表面看起来是不可理解的，其实，这些语句是从他的内在生命天然流露，没有任何矫饰，如同一朵花突然从花苞开放，那样美、那样有创造力。我们要了解禅师的语句，不在破解语言的谜题，而在把我们的心灵提升到与禅师说话时的心境，明白就不是那样困难了。

因此，来自生活的直观与会心格外重要，如何把生活中体会到的事物开发成为禅的悟境，见、闻、觉、知等感官世界虽可障道，也一样能令人入道。禅者是把生活的意识层面转入心灵的内在深处，是把一本密封的书打开，来看见生命真实的内容罢了。

黄檗禅师的这首诗后来也成为禅师勉励弟子常提出的话，明朝的无异元来禅师就说："若将此偈时时警策，工夫自然做得上；如百里路途，行一步则少一步；不行，只住在这里，纵说得乡里事业了了明明，终不到家，当得什么边事？"

禅心不是生活的背反，而是把脚步举起，跨过一条理智与逻辑的界限，用直观来对应生活，这是"悟"、是"心门大开"、是"智慧之眼"。这种跨越是极勇猛艰难的心灵革命，一旦能跨越过去，则荆棘丛林也成为奇花异草了。对于这种心灵的奋斗，有一位禅师说：

除非汗流浃背一回，别想见到一帆风顺之境，

除非浑身汗透一番，莫想一茎草上现宝王刹！

居山与见道

朋友约我一起到万里灵泉寺去参访惟觉法师，我欣然同往。

惟觉法师近几年来道风极盛，许多政经文化界的名人皈依在他的座下，创建占地广达一百甲的中台禅寺，打了几次七七四十九天的禅七，吸引了许多知识青年习禅披剃，成为媒体争相报道的新闻。

惟觉法师指导禅修的声名远播，很快便使灵泉寺成为观光胜地，从台湾各地赶来参访问法的人非常多，原本重视清修的寺院，到了假期就热闹滚滚，甚至连汽车都找不到停车的地方。还有一些中南部的信徒包游览车前来，狭窄的道路常为错车所苦。

朋友苦笑着说："这就叫作水涨船高，寺庙变得这么热闹！"

我说："这是船本来就高了，历史上所有大修行者的寺庙，都会变成这个样子。"想想看二十年前广钦老和尚还在的时候，承天禅寺的路上每天都像过年一样；现在台湾的寺院，像北投的圣严法师，花莲的证严法师，佛光山的星云法师，南投的忏云法师、妙莲法师，参访时人潮汹涌的景况，有时连呼吸都感到困难。

这种由大修行者带起的道风不是始自今日，早在唐朝禅风大盛时就有了。当时江西出了一个大禅师马祖道一，湖南出了一位石头希迁，两人同时大树法幢，德誉享遍四方，天下僧众若要了知解脱道，都参游于二师门下，云水行脚络绎于途，称为"走江湖"。

走江湖的结果，马祖道一门下出了临济、沩仰、黄龙三宗，石头希迁门下出了曹洞、云门、法眼三宗，禅风遍布天下。

我对朋友说："道风很盛，并不是坏事呀！"

很可惜，由于惟觉法师正在闭关，所以我们并没有参访到，不过也使我想起数年前，每逢假日，法师都会在禅堂中随缘回答问题，我有时杂坐于人群之中，获得不少法益。

并且曾问过法师三个个人在修行时遇到的问题，法师的回答我曾写在笔记上，第一问是："当我们发起解脱的愿望，渴望出离世间，可是又要过一般人的生活，这种冲突要如何解决？"

惟觉法师说："未成佛道，先结人缘，出离世间不是离开世界，而是不执着、不贪着。当前的这一念心是没有生灭的，心念与修行的冲突难免，但是只要不与恶念挂钩，善清净、善调伏，不离开善法，就没有出离的问题了。"

第二个问题是："菩提心与慈悲心的不同？有为法与无为法的差别？"

惟觉法师说："慈悲心是菩提心的根，次第相生，慈心广大，觉心即广大。菩提心是慈悲心提升出来的，慈悲心无着就成菩提心。法并没有分有为或无为，有执着就是有为法，无执着就是无为法。"

第三个问题是："何以真空，还会妙有？"

惟觉法师说："空其心，不空其境，因为境是有些些，还有些些，

134

又有些些。不管有多少境界，无住就心空。"

我对朋友谈起这三个问题，法师说"有些些，还有些些"的神情犹如在眼前，这三段话使我在禅修上得到很多利益，也品味了惟觉法师的智慧和法味。

其实，对一位解脱者，入其堂奥，见不见到人是无关重要的，我和朋友在山后散了一下步，随即下山，朋友说："像许多大师，因为盛名忙碌，对于修行是好还是坏呢？"

这使我想起永嘉玄觉禅师的一段话：

"若未识道而先居山者，但见其山，必忘其道。若未居山而先识道者，但见其道，必忘其山。忘山则道性怡神，忘道则山形炫目。是以见道忘山者，人间亦寂也，见山忘道者，山中乃喧也。"

我对朋友说："这有什么好担心的呢？"

庭前绿苔生

能行祖道何其少，

陡而且深超陷坑；

若不伸手助行人，

庭前绿苔任其生。

——石田法薰禅师

在读禅宗典籍时，最感动我的是祖师们的师徒情谊，这一点是很少被人标明出来的。

我们在许多超越了生死、彻底得证的禅师身上，看到他们已经不再被世间的一切所动摇了，这时候，奇异的情况发生了，他们对待跟随自己的弟子，甚至远道来参学的禅者，都有一种广大关怀接纳的态度，他们不厌其烦地利用种种方法，甚至不择手段地（棒与喝）引导学人开悟。

我觉得这是彻底的慈悲精神，曾有人问我："禅宗既是教外别传，那么，禅宗是大乘还是小乘？禅师是菩萨或是阿罗汉？"我们看看禅师对待后学的态度，无疑的，禅宗是大乘法，而禅师是菩萨！

　　一个修行禅法的人，他和菩萨一样要通过戒定慧三学的考验，并且他们在行云流水般参学的过程里通常是吃尽了种种苦难与折磨的，在开悟之后，如果没有菩萨的胸怀，必然一走了之，舍弃了一切尘世的眷恋。但是，中国历代伟大的禅师，没有一个是一走了之的，他们无不竭尽所

能想引导众生走向开悟之路。

他们从不口口声声讲慈悲，自己却是慈悲的实践者；他们也不特别强调般若，他们的言行却流露了最真实的智慧。由于禅师们有"婆子的心""老婆心切"，才使禅的修行与实践成为佛教流派中最坚强最长远的一脉。

走过了陡峭坑谷的禅师，悲悯后学者修行的险径，于是张开双手来帮助走险路的行者，因此悟道的禅师没有一个是"庭前生起绿苔"的，即使像百丈怀海禅师住在百丈之高，岩峦峻极的大雄山，来参他的人也使户为之穿。

因为悲悯学人的传统，大部分的禅师在年轻时都四方参学，走遍天下丛林，等到他们开悟之后则长居一处来教导参访的人，此所以禅师都有四字的名号，前两字是他们常住的地名，从这地名的名号，也可以看出禅师是有多么伟大的胸怀（怕跑远了，慕名而来的行者找不到）。庐山栖贤寺的智柔禅师曾写过一首偈表达这种心情：

二十年来行脚，
走尽东京西洛；
如今却到栖贤，
一步不曾移着！

未悟的时候到处奔走了二十年，开悟以后则寸步不离，这不是简单的描述，其中有多么动人美丽的苦心呀！

在禅宗历史上，早期的祖师讲顿悟，是直接从生命创发的动力来开悟，可是六祖慧能之后过了两三百年，生命创发力仿佛式微了，为了使禅悟能继续下去，禅师开始发明了"公案""话头""机锋"等等来激发弟子顿悟的创发力，此举挽救了禅的生命力，使其传续；更后期则有"禅净双修"，也是希望能维持禅的香火于不减；这些，使我们看见了禅师对待弟子，甚至后人的苦心。

百丈怀海曾对黄檗希运说："见与师齐，减师半德，见过于师，方堪传授。"在这句话里蕴藏了多少师父对弟子深刻的苦心呀！

禅如此，佛法如此，人类文明亦是如此，一个生命的延续是建立于前人对后人是否有"老婆心切"的苦心，如果只求一己的解脱，生命有何意义？禅师们给我们做了一个最好的典型。

以智慧香而自庄严

有时会在晚上去逛花市。

夜里九点以后，花贩会将店里的花整理一遍，把一些盛开着的，不会再有顾客挑选的花放在方形的大竹篮推到屋外，准备丢弃了。

多年以前，我没有多余的钱买花，就在晚上去挑选竹篮中的残花，那虽然是已被丢弃的，看起来都还很美，尤其是它们正好开在高峰，显得格外辉煌。在竹篮里随意翻翻就会找到一大把，带回家插在花瓶里，自己看了也非常欢喜。

从竹篮里拾来的花，至少可以插一两天，甚至有开到四五天的。每当我把花一一插进瓶里，会兴起这样的遐想：花的生命原本短暂，它若有知，知道临谢前几天还被宝爱着，应该感叹不枉一生，能毫无遗憾地凋谢了。

花的盛放是那么美丽，但凋落时也有一种难言之美，在清冷的寒夜，

141

我坐在案前，看到花瓣纷纷落下，无声地辞枝，以一种优雅的姿势飘散，安静地俯在桌边，那颤抖离枝的花瓣时而给我是一瓣耳朵的错觉，仿佛在倾听着远处土地的呼唤，闻着它熟悉的田园声息。那还留在枝上的花则是眼睛一样，努力张开，深情地看着人间，那深情的最后一瞥真是令人惆怅。

每一朵花都是安静地来到这个世界，又沉默离开，若是我们倾听，在安静中仿佛有深思，而在沉默里也有美丽的雄辩。

许久没有晚上去花市了，最近去过一次，竟捡回几十朵花，那捡来的花与买回的花感觉不同，由于不花钱反而觉得每一朵都是无价的。尤其是将谢未谢，更显得楚楚可怜，比起含苞时的精神抖擞也自有一番风姿。

说花是无价的，可能只有卖花的人反对。花虽是有形之物，却往往是无形的象征，莲之清净、梅之坚贞、兰之高贵、菊之傲骨、牡丹之富贵、百合之闲逸，乃至玫瑰的爱情、康乃馨的母爱都是高洁而不能以金钱衡量的。

花所以无价，是花有无求的品格。如果我们送人一颗钻石，里面的情感就不易纯粹，因为没有人会白送人钻石的；如果是送一朵玫瑰，它就很难掺进一丝杂质，由于它的纯粹，钻石在它面前就显得又俗又胖了。

花的威力真是不小，但花的因缘更令人怀想。我国民间有一种说法，说世上有三种行业是前世修来的，就是卖花、卖香、卖伞。因为卖花是纯善的行业，买花的人不是供养佛菩萨，就是与人结善缘，即使自己放置案前也能调养身心。卖香、卖伞也都是纯善的行业，如果不是前世的因缘，哪里有福分经营这么好的行业呢？

卖花既是因缘，爱花也是因缘，我常觉得爱花者不是后天的培养，而是天生的直觉。这种直觉来自良善的品格与温柔的性情，也来自对物质生活的淡泊，一个把物质追求看得很重的人，肯定是与花无缘的。

有一些俗人常把欣赏花看成是小道，其实不然，佛教两部最伟大的经典《妙法莲华经》《大方广佛华严经》就是以花来命名的，而在三千大千世界里每一个佛的净土，无不是开满美丽的花、飘扬着花香，可见爱花不是小道。

佛经中曾经比喻过花香不是独立存在的，一朵花的香气和整枝花都有关系，用来说明一个人的完成是肉体、感觉、意识、自性、人格整体的实践，是不可分离的。一枝花如果有一部分败坏，那枝花就开不美，一个人也是一样，戒行不完满就无法散放出人格的芬芳。

爱花的人如何在花中学习开启智慧，比只是痴痴地爱花重要。在《华严经》中有一位名叫优钵罗华的卖香长者，曾说过一段有智慧的话："如诸菩萨摩诃萨，远离一切诸恶习气，不染世欲永断烦恼众魔胃索。超诸有趣，以智慧香而自庄严，于诸世间皆无染着，具足成就无所着戒、净无着智、行无着境、于一切处悉无有着，其心平等，无着无依。"长者虽是从卖香而得到智慧，与花也是相通的，我们如果能自花中提炼智慧之香，用智慧之花来庄严心灵，还有什么能染着我们呢？

花的美是无常的，世间的一切何尝不是花般无常？若能体会无常也有常在，无常也就能激发我们的智慧，我曾试写过一首偈：

日日禅定镜

处处般若花

时时清凉水

夜夜琉璃月

这世间，"镜花水月"是最虚幻和短暂的，唯其如此，才使我们有最深刻的觉醒，激发我们追求真实和永恒的智慧。

当我们面对人间的一朵好花，心里有美、有香、有平静、有种种动人的质地，会使我们有更洁净的心灵来面对人生。

让我们看待自己如一枝花吧！香给这世界看，如果世界不能欣赏我们，我们也要沉静庄严地开放，倾听土地的呼唤，深情地注视人间！

无风絮自飞

在我们家乡有一句话，叫"菜瓜藤，肉豆须，分不清"，意思是丝瓜的藤蔓与肉豆的茎须一旦纠缠在一起，是无法分辨的。

因此，像兄弟分家产的时候，夫妻离婚的时候，有许多细节部分是无法处理的，老一辈的人就会说："菜瓜藤与肉豆须，分不清呀！"还有，当一个人有很多亲戚朋友，社会关系异常复杂的时候，也可以用这一句。以及一个人在过程中纠缠不清，甚至看不清结局之际，也可以用这一句来形容。

住在都市的人很难理解到这九个字的奥妙，因为他们没有机会看到丝瓜与肉豆藤须缠绵的样子。乡下人谈到人事难以理清的真实情境，一提到这句话都会不禁莞尔，因为丝瓜与肉豆在乡间是最平凡的植物，几乎家家都有种植。我幼年时代，院子的棚架下就种了许多丝瓜和肉豆，看到它们纠结错综，常常会令我惊异，真的是肉眼难辨，现在回想起来，感觉到现代人复杂难以理清的人际关系，确实像这两种植物藤蔓的纠缠，想找到丝瓜与肉豆的根与果是不难的，但要在生长的过程分辨就非常困难了。

有一次我发了笨心，想要彻底地分辨两者的不同，却把丝瓜和肉豆的茎叶都扯断了。父亲看见了觉得很好笑，就对我说："即使你能分辨这两株植物又有什么意义呢？你只要在它们的根部浇水施肥，好好地照顾让它们长大，等到丝瓜和肉豆长出来，摘下来吃就好了。丝瓜和肉豆都是种来食用的，不是种来分辨的呀！"

父亲的话给我很好的启示，在人生一切关系的对应上也是如此，一个人只要站稳脚跟，努力地向上生长，有时不免和别人纠缠，又有什么要紧呢？不忘失自己的立场与尊严，最后就会结出果实来，当果实结成的时刻，一切的纠缠就不重要了。

另外一个启示就是自然，万事万物都有其自然的法则，依循这自然的发展，常常回头看看自己的脚跟，才是生命成长正常的态度。种什么样的因会结出什么样的果，是必然的，丝瓜虽与肉豆无法分辨，但丝瓜是丝瓜，肉豆是肉豆，这是永远不会变的，我们能做的就是让丝瓜长出好的丝瓜，让肉豆结出肥硕的肉豆！

丝瓜是依自然之序而生长结果，红花是这样红的，绿叶也是这样绿的，没有人能断绝自然而超越地活在世界，此所以禅师说，"不雨花犹落，无风絮自飞"，花与絮的飞落不必因为风雨，而是它已进入了生命的时序。

日本的道元禅师到中国习禅归国后，许多人问他学到了什么，他说："我已真正领悟到眼睛是横着长，鼻子是竖着长的道理，所以我空着手回来。"

听到的人无不大笑，但是立刻他们的笑声都冻结了，因为他们之中没有人知道为何鼻子直着长而眼睛横着长，这使我们知道，禅心就是自然之心，没有经过人生庄严的历练，是无法领会其中真谛的呀！

平常心不是道

现在学禅的人，或甚至不学禅的人最最常挂在口边的一句是"平常心是道"。

对于学禅的人，历来的祖师不都告诉我们，道在寻常日用之间吗？因此，"饥来吃饭，困来即眠"是道，"行住坐卧，应机接物"是道，"喝茶、吃粥、洗钵"也是道，连瓦砾里都有无上法，何况是平常心呢？所以，大家只顾吃饭、睡觉就好了，哪里用得着拼老命地修行呢？

对于不学禅的人，有许多从禅宗里盗了"平常心是道"的话，就以此为借口，认为天下无道可学，只要平常过日子就好了，甚至嘲笑那些困苦修行的人说："你们的祖师不是说平常心是道吗？何用这样精进辛苦地修行？"

到底，平常心是不是道呢？

要知道平常心是不是道，我们先来看"平常心是道"的起源。

中国禅宗史上，第一位提出"平常心是道"的是马祖道一禅师，在《景德传灯录》里记载他向门人的开示："道不用修，但莫污染。何为污染？但有生死心，造作趣向，皆是污染。若欲直会其道，平常心是道。谓平常心，无造作、无是非、无取舍、无断常、无凡无圣。"这是"平常心是道"的来源。

在这段开示后，马祖道一禅师又有一些话用来解释"平常心是道"，我在这里摘取易于了解的段落：

"行住坐卧，应机接物，尽是道。道即是法界，乃至河沙妙用，不出法界。"

"名等义等，一切诸法皆等，纯一无杂。若于教门中得，随时自在。建立法界，尽是法界；若立真如，尽是真如。若立理，一切法尽是理；若立事，一切法尽是事。"

"一切法皆是佛法，诸法即解脱，解脱者即真如，诸法不出于真如，行住坐卧，悉是不思议用，不待时节。"

这些都是白话，不难明白，意思是当一个人反观自心，证得妙用的本性，他就能进入纯粹自在平等无我的境界，那时他了达到自性是没有生灭的，知道法身无穷遍满十方。到了这个时候，他自然能平常地对待外在事物，不会为造作、是非、取舍、断常、凡圣所执着了。

也即是说，当一个人明心见性，不为外来的情况所转动的时候，他才能时时无碍，处处自在，事理双通，进入平常的世界。平常不是指外面的改变，而是说不论碰到任何景况，自己的心性都能不动如一。

了解到这一层，我们就知道"平常心是道"没有那么简单，在禅的精神里，只有见性人才能说"平常心是道"，一般学禅的人，心性都还没找到，怎么谈得上平常心呢？

因此，对刚开始修行的人，平常心不是道，而是流血奋斗的事业，要透过非常的努力追求心性的开悟，而不能一开始就像祖师们一样说："平常心是道"。

关于"平常心是道"，最有名的一首诗是宋朝无门慧开的作品：

春有百花秋有月，
夏有凉风冬有雪；
若无闲事挂心头，
便是人间好时节。

像我们每天闲事挂在心头的人，只有时常对自己提醒："平常心不是道"，勇猛求菩提，才有机会体验四季的每一时刻都是"好时节"的平常心，否则大海红尘、平地波涛，刹那就把我们淹埋，哪里还有什么平常心！

直心真实，菩提道场

人法双净，

善恶两忘；

直心真实，

菩提道场。

——牛头慧忠禅师

从前，有三个旅行者来到一座山下，远远看到山顶上站着一个人。

其中一个说："他也许是走失了心爱的动物，正在寻找。"

另一个说："不是，他也许是在寻找他的朋友，否则不会孤单地站在那里。"

第三个说："你们都错了，他站在山顶上，只是为了呼吸新鲜空气而已。"

这三个旅行者因此开始争论，各自举出许多理由，却都不能说服对方，三个人都同意一起去问那站在山顶的人，让他自己说明为什么要独自站在山上。旅行者为了寻找答案，艰苦地爬上山顶。

第一个问说："你站在山顶上，是不是因为走失了心爱的动物？"

山顶上的人回答说："不是，我没有走失心爱的动物。"

第二个问说："你是不是在找你的朋友呢？"

山顶上的人回答说："不是的，我不是在找我的朋友。"

第三个问说："你是不是在呼吸新鲜空气呢？"

山顶上的人回答说："不是的，我不是在呼吸新鲜空气。"

"那么，"三个旅行者忍不住异口同声地说："既然都不是，那你究竟在这里干什么呢？"

山顶上的人看着三位焦急的旅行者，笑了起来说："我只是在这里站着！"

我们生活在转动的世界里，对外面的追求已经成为习惯，对不断的变迁流动习以为常，总认为一切事物、一切举止都是有所企图、有所渴望。前面这个故事就是在说明，真实的禅不是因图谋渴望而得到的，而是一种单纯的承担、一种当下的精神。

这正是黄檗禅师说的："终日不离一切事，不被诸境惑，方名自在人。"当我们说"我要这个、我要那个"的时候，我们就无法拥有真正的自我；当我们说"我在这里、我在那里"的时候，我们就无法放下执着，得到自在。

对于在山顶上，只是站着的人，使我想到一朵开在山顶的花，它开的时候是多么充满承担的欢喜，它落下的时候又是多么充满放下的镇静呀！人之所以在生时承受喜怒的燃烧，在死时纠葛着忧伤、不安与悔恨，那是由于无法体验"我只是在这里站着"那样的承担！

在结满松果的松树下，我们要怎么样问：叶是松树？果是松树？或是根须是松树？

在看到风吹过林梢时，我们要怎么样问：风从哪里来？往哪里去？下一片要吹的叶子是哪一片？

在月光照耀下的田野，我们要怎么样问：月的光是月？月的圆是月？或是月的温柔才是月？

在闻到莲花清芬的香，我们要怎么样问：叶是莲花？花是莲花？还是香的才是莲花？

呀！松树只是松树，风只是风，月光只是月光，莲花只是莲花，如是而已。

智慧之羹

从前有一个国家，丰盛安乐，什么都不缺乏，可是国王并不满足，对大臣们说："我们应该选一个能干的使者到外国去看看，买一些我国没有的东西回来。"

于是派了一个大使到外国去，走遍了各国都看不到自己国家没有的东西。最后，在市场上看见一个老人，空手坐着，并没有要卖的东西，大使很奇怪，便问他说："没有看见你要卖的东西，为什么空手坐在市场呢？"

老人说："我在这里卖智慧呀！"

大使问说："你卖的智慧是什么？值多少？"

老人说："我卖的智慧值五百两黄金，你先付了黄金，我就告诉你。"

大使心想：自己的国家没有"智慧"这种东西，不妨买了下来，就付了五百两黄金给老人，老人就为他说了二十个字的智慧之言：

长虑谛思惟，不当卒行怒；

今日虽不用，会当有用时。

　　意思是"遇到事情要静静思考，不随便发怒，今天用不上，一定有用上的时候"，讲完后叫大使诵了一次，就各自离开了。大使没想到五百金只买到四句话，觉得太贵，心里有点懊悔，也只好回国了。

　　他回国的时候先到自己的家，已经是半夜了，在月光下看到妻子床前有两双鞋子，以为妻子趁自己出国有了外遇，立刻怒上心头，正想拔剑杀去，突然想起老人卖给他的二十个字，就轻轻念诵起来，正念的时候听到床上传来母亲的声音："是儿子回来了吗？"原来，是他出使外国时，母亲过来陪妻子睡在一起。

　　他马上跑出房子大喊："太便宜了！太便宜了！"

　　母亲走出来问他："你这次替国王买到什么？怎么一直叫便宜呢？"

　　大使便把因由告诉母亲说："我的母亲和妻子，一万两黄金我也不卖，今天靠五百两黄金的智慧就可以保全，不是太便宜了吗？"

　　这个故事出自《天尊说阿育王譬喻经》，是在说明智慧的可贵，是无价之宝，读了给我们很好的启示。时常有人问我："开悟的路不可言说，在过程时有什么利益呢？"我想，在走向开悟的历程上，给人最大的利益大概就是智慧了，使我们学会更好地观照与判断，乃至更细微地思考与抉择。

　　当然，智慧也是难以言说的，有时五百金也买不到一句，有时不花分文就学到很好的启示。有一个可以确定的是，当我们指陈一个有智慧的人，那是指他在全生活、全人格上都展现出一种明照洞然的风范，是难以条举的。

　　在《那先比丘经》里有一个故事：

国王命令厨子做一道好吃的肉羹，厨子用了水、肉、葱、蒜、姜、盐豉、糯米等材料做成。

国王又命令厨子："你做的肉羹，先取出当中的水味来，再取出肉味来，再取出葱味来，再取出姜味来，次取出盐豉味来，最后，再取出糯米味来。"

那先比丘问说："肉羹做成了，还可能取出不同的羹味给国王吃吗？"

国王说："各种味道混合后，就不能一一分别了呀！"

我们走向智慧之路也是如此，是以各种不同的东西，来做出一道美味的"智慧之羹"，到后来成为全生活、全人格的表现，那时候自然地走向前去，开悟也就不成问题了。反之，如果一个人在历程上没有智慧之见，不懂得于生活中观照取用，美味的羹也就无法煮成了。

在禅宗经典《碧岩录》的第一则就说："隔山见烟，早知是火；隔墙见角，便知是牛。举一明三，目机铢两；是衲僧家，寻常茶饭。"便是开宗明义地说明了智慧的观照，在平常的生活之中。最后的第一百则说道"珊瑚枝枝撑着月"，仍然说明了慧与悟意不在远，是在生活的每一个层面，人只要"绝情尘，意想净尽"，就有如明珠在掌了。

雪窦禅师在颂这"珊瑚枝枝撑着月"时，用了四句话："要平不平，大巧若拙，或指或掌，倚天照雪。"是说有大智慧的悟者，是"大直若屈，大巧若拙，大辩若讷，大智若愚"，他的智慧之剑使不平之事为之平坦，或现在指上或现在掌上，无处不在，那就像倚天宝剑一样，收在七彩琉璃的匣子里，也有明照霜雪的光芒。

倚天照雪的慧剑再进一步，则"心月孤圆，光吞万象，光非照境，境亦非存，光境俱忘，复是何物"（克勤圆悟禅师语）。"一切处不可不是吹毛剑"，就进入开悟之境了。

常在道场

○
○
○

举手攀南斗，

回身倚北辰；

出头天外看，

谁是我般人？

——五台智通禅师

大慧宗杲禅师的门下有一位弟子叫开善道谦，很小就开始参禅了，先后跟随过几位大禅师都不能开悟禅旨，后来跟随大慧，随侍左右。

有一天，大慧把道谦叫来，唤他送一封信到长沙给张紫岩居士，当时大慧住在浙江，从浙江走路到湖南路途非常遥远，道谦心里并不想去，可是师命难违，就感伤地对朋友宗元说："我参禅二十年了，到现在还没有一点消息，今天师父又派我到湖南去送信，更加荒废了道业，我真的不想去呀!"

宗元就骂他说:"如果学禅的人在路上便失去道心,就不能成就了,没关系,我和你一起去!"

道谦心不甘情不愿地前去了,走到半路因为感慨就流泪对宗元说:"我一生参禅,到现在还不得力,现在又在路途奔波,恐怕这一生也不能与禅相应了。"

宗元说:"我建议你,从今天开始,试着把过去从书本和经典上学到的,还有几位老师教给你的禅法都放下,不要去理会,你把全部心力用来参禅吧!路上不管发生什么事,都由我替你做。"

道谦听了,破涕为笑,忙说好。

宗元接着说:"不过,有五件事,我不能替你做,必须靠你自己。"

"哪五件事? 快告诉我!"

宗元说:"这五件事就是穿衣、吃饭、小便、大便、驮着个死尸在路上走。"

道谦一听这有什么难,不觉手舞足蹈,觉得只做这五件事太容易了。

宗元很高兴地说:"你这一次可以一个人去送信了,我先回去了。"

道谦于是独自送信到长沙,回来的时候已经是半年后了,行为举止好像变了一个人,大慧看到他,很高兴地说:"恭喜呀!你大不同于从前了。"

我很喜欢这个故事,它给我们许多的启示,使我们知道禅道不一定要在师父身边成就,因为开悟或解脱都是个人的事。另外,除去衣食住行,并没有一个叫作"禅"的东西独立于生活之外,它是遍一切时一切地的。还有,禅者最重要的就是无畏地面对自己,像道谦虽然跟了许多师父,却从未独自面对自我,当他展开单独旅行的时候,当然有一个截然不同的面目。最后,学禅的人应该有坦然喜悦之心,忧伤烦恼是与道不相应的。

道谦从前的问题,是认为修学禅法有一个特别的形式或者特定的样子，因此当师父派他远行时，给他带来极大的压力，认为离开师父就没有禅修的可能，认为在路上走就不能参禅了。如果是这样，那么禅不是一个呆板枯燥的东西了吗？

幸而，他后来认识禅不是如此，禅是不离日常生活的，即使穿衣、吃饭、大小便这些琐事，在心境明净的禅师眼中，无一事不是道场。

四祖道信曾说："举足下足，常在道场，施为举动，皆是菩提。"不论是坐卧行住，一个人都不离开菩提的道场，不起差别，没有得失的心，这才是道。

平常人虽然也是一样坐卧行住，只是不知道换个面目罢了！

临济启悟的一喝

飒飒秋风满院凉，

芬芳篱菊半经霜；

可怜不遇攀花手，

狼藉枝头多少香。

——高峰原妙禅师

禅师开启弟子的悟，手段比较激烈的有德山的棒和临济的喝，这种棒喝可以在出其不意之间斩断学生的情解，直接劈开内心深处，使得学生在刹那之间进入禅境，看见自己的本来面目。

现在的"临济喝"已经很少被使用了，听说在日本深山中的禅堂还有棒喝之风，不过显然也没落了。没落的原因当然很多，最主要的原因是像临济义玄那样气势豪壮的师家，在历史上也极少见，何况"喝"久了以后，临济的喝被用俗、用滥，一般的学生也难以体察其意。

禅宗以"喝"来启发悟境是在临济时大盛，但最先以喝启发弟子的则是马祖道一。

据说有一次百丈怀海禅师随侍马祖的时候，马祖用眼睛看了一下床角的拂尘，百丈就自作聪明地回答："即此用，离此用。"马祖质问说："汝向后开两片皮，将何为人？"（你只会耍嘴皮，以后怎么做人呀？）百丈随手拿起拂尘竖着，马祖说："即此用，离此用？"（这就是你说的即此用、离此用吗？）百丈于是把拂尘放回原来的地方，马祖就大喝一声，百丈被喝得耳聋三日。

这一喝石破天惊、雷音大震，使得百丈禅师大彻大悟；这一喝也等于撕开语言的黑幕，使我们看见了一些不落言诠的曙光。后来，黄檗希运来参访百丈，百丈就告诉他从前被喝了耳聋三天的经验，黄檗吓得张口吐舌，不过，后来黄檗还是学了老师的招数。

黄檗学到的不是喝，而是打，最有名的一次是有几百位弟子集合等他开示，他拿起棒子下来便打，打得众人四散奔逃，他还气呼呼地说："都是一些吃酒糟的饭桶，这样子行脚真是笑死了！看到八百一千人聚集的地方就去参访，只图热闹！老汉在行脚的时候，如果看到草根下有一个汉子，便在他头上锥刺一下，看他假如知道痛痒，就用布袋盛米供养他，哪像你们，这么容易！"

临济在这样的老师座下参禅，挨打是意料中事，他第一次开口问禅，就被连打三次，还被赶出山门去参大愚和尚。日后在大愚那里开悟回来，师徒两人更是打来打去，一直打到他要离山前去向黄檗告辞，黄檗说："你去哪里？"临济："不是河南就是河北！"黄檗顺手拿起拄杖便打，临济把拄杖抢过来说："你这个老汉，不要盲枷瞎棒，免得错打了人。"黄檗大叫："侍者，把几案上的禅板拿来！"临济："侍者，拿火来烧禅板！"黄檗高兴地说："不用了，你去吧！以后会坐断天下人的舌头了！"

160

在黄檗那种大风大雨调教下的临济，当然也承袭了师父的道风，再加上自己峥嵘的风格，又打又喝并不奇怪，我们可以这样说，马祖道一那响亮的一喝，响过百丈与黄檗，直接响在临济的耳边了。

临济常常在弟子不注意的时候给予出其不意的一喝，到后来在他的禅堂里，学生都学他的喝声，他颇不以为然，教训他们说："你们总是学我的喝声，我现在问你们，有一个人从东堂出来，一个从西堂出来，两人齐喝一声，这里分得出哪个是宾哪个是主？如果分不出来，以后不准学我的喝！"

临济的教训似乎效果不大，不但他的弟子学喝，连徒孙也学喝，在《景德传灯录》里就记录了他的弟子兴化存奖，颇为学生到处喝而生气，有一次教训地说："我只听见长廊也喝、后架也喝，你们不要盲喝乱喝，喝得我昏倒了再醒来你们还没有入道有什么用？我没有向紫罗帐里撒珍珠给你们捡，你们在虚空里乱喝做什么？"可见到这时候，喝已经被乱用，胡乱的喝不但无助于开悟，反而喝断了禅的慧命。

对于自己的喝，临济是很有把握的，有一次他这样说："我有时一喝如金刚王宝剑，有时一喝如踞地狮子，有时一喝如探竿影草，有时一喝不作一喝用。"

祖源禅师对这四喝的解释最精到：

金刚王宝剑——"金刚王宝剑，能斩意识，凡圣情亡，真常独耀。"

踞地狮子——"断常二见，一切渗漏，踞地一吼，瓦解冰消。"

探竿影草——"探竿影草，如镜照像，妍丑真伪，自呈本面。"

一喝不作一喝用——"才动意识，一喝冰消，转寻一喝，喝也不用。"

临济的喝有时候像宝剑一样，斩断弟子的攀缘意识，干净利落！有时则像不动的狮子，震破弟子的执着，有时像竹竿探草，看看弟子悟道的深浅，有时喝的本身并无深意，不必去执着。

喝来喝去的临济是为了什么呢？他常说的一句话是："汝等诸人赤

肉团上，有一无位真人常向汝诸人面门出入，未证据者看看！"

我每次想到临济说的"无位真人"，"未证据者看看！"就觉得他的喝声里有无限的慈悲，就好像春天的夜里听到一声春雷，感到了表面的青草与内在的大地春意淋漓，整个震动了！

第四辑

准备好微笑

禅心要不动如山，
但山上有青翠的林木、
鲜艳的花草，
以及响亮的鸟声、吹动的微风。

心眼同时，会心一笑

尽说拈花微笑是，

不知将底辨宗风；

若言心眼同时证，

未免朦胧在梦中。

——白云守端禅师

　　禅的起源有一个美丽的说法，经典上说："世尊在灵山会上，拈花示众，是时众皆默然，唯迦叶尊者破颜微笑，世尊曰：我有正法眼藏，涅槃妙心，实相无相，微妙法门，不立文字，教外别传，付嘱摩诃迦叶。"短短六十余个字，给我们美丽非凡的联想，禅的开始就是这么多了，除了这些，世尊没有再交什么给迦叶了。

　　我每次想到禅的开始，就好像自己要拈花、又要微笑的样子，心里有着细致的欢喜。直到有一天，我正喝茶的时候品味这段话，突然生起两个想法：

一是，当释迦牟尼佛拈花的时候，幸好有迦叶尊者适时微笑，万一佛陀拈花的时候，灵山会上那么多的菩萨竟没有一个人微笑，这世界就没有禅了。

二是，万一佛陀拈花时，迦叶还来不及微笑，在场的菩萨同时哄堂大笑，那么，这世界也就没有禅了。

因此，"拈花微笑"四个字是多么美，一个是拈花，那样优雅；一个是微笑，那么沉静；两者都有着多么温柔的态度和多么庄严的表情呀！

"拈花微笑"使我想到，佛陀早就想要拈花，而迦叶也早就准备好微笑了，然后，在适当的场地、适当的时间，佛陀的拈花与迦叶的微笑，才使得禅有一种美好的开端。

现在，佛早就离开这个世界，留存在世界的是山河大地还有无数的众生，如果依佛所说，山河大地与六道众生都与如来无异。我们可以这样说，山河大地与我们所遇到的一切众生，无时不刻都在对我们拈花，只可惜我们不知道在适当的时间里微笑罢了。

我觉得，一个人想要进入禅的世界，一定有对世界微笑的准备，这种微笑，是生活的会心。因为，禅不应该有勉力而为的态度，一个人要得到禅，是要进入自然之道，有一种美好安定的心，等待心性开启的一刹那，就好像一朵花等待春天。

禅是一种直观的开悟，而不是推论的知识。禅的智慧与一般知识最大的不同，是知识里使用眼睛与意识过多，常使宇宙的本体流于零碎的片段；禅的智慧是非常主观的，是心与眼睛处在统一状态的整体。

以一朵花为例，没有会心的人看花，会立即想到这花是玫瑰花，颜色是红色，要剪下插在那里才好看，或者要把它送给别人，我是主，花是客，很难真正知道或疼惜一朵花，对待一朵花，我们多的是理性客观的态度。现在，我们把这种态度翻转，使它进入一种感性主观的风格，我就是花，花就是我，我的存在就像一朵花开在世界，我的离去，就好像花朵的凋落一般，我们只是生命的表象，那么，生命的真实何在？这就是智慧者的看花之道。与人相处，与因缘会面，如果我们也有像看花一样的主观与感性，我们的"会心"就使我们容易有悟。

在禅里有这样的故事：

有一个人走在路上，突然听见一阵凄哀的哭声，走过去一看，原来是一只朝生暮死的小虫在那里哀号。

他就问："你为什么哭？"

小虫说："我的太太死了，我下半辈子不知道要怎么过。"

那个人不禁哑然失笑，因为那时已过了中午，小虫再过半天就要死了，不过，他立即悟到，小虫的半天与我们的半生，在感受上，一样漫长；在实相上，一样短暂！

高僧来果禅师，有一次在禅定中突然听到一阵哭喊，他步下禅床，循声而往，看到一只跳蚤从床上跌下来，摔断了脚，正在那里哀嚎。那时他知道了：跳蚤的喜怒与人无异，而人如果只有生命的表象，又和跳蚤有什么不同呢？

我们在生活中，一切都是现成的，就在我们的眼前，可是常常被我们变成名相，如果能转回原来的面目，禅心就显露了。

曾经有一位僧人问法眼文益禅师："要如何披露自己，才能与道相合？"

法眼回答说："你何时披露了自己，而与道不相合呢？"

我们在对境时常发生两种情况，一种是对境界的漠然，以至于无感；一种是处处着相，以致为境所迁累。我们应该时时保有会心的一笑，心眼同时的直观，然后在感性的风格里超越。

法眼文益有一首美丽的诗：

幽鸟语如簧，柳摇金线长。

云归山谷静，风送杏花香。

永日萧然坐，澄心万虑忘。

欲言言不及，林下好商量。

在生活的会心里，我们时常做好一笑的准备，会使我们身心自在，处在一种开朗的景况，也使我们的心为之清澄，那么，不可思议的一悟就准备好了，只等待那闪电的一击。

手中的弓箭，离弦射出的时候，早已在眼中看到天空飞行的雕随箭而落。这是神射手的境界。

闭着眼睛在阴雨的黑夜，知道月亮或圆或缺并不失去，在好天气时，果然看到月的所在和月的光芒。这是明眼人的境界。

当法眼说："看万法不用肉眼，而是透过真如之眼，即法眼道眼。道眼不通，是被肉眼阻碍了。"使我们知道禅师是心眼合一的神射手！是无处没有会心的明眼人！

因此，拈花的时候，微笑吧！不拈花的时候，准备好微笑吧！

出门便是草

风卷浮云尽，

青天绝点埃；

山川俱在目，

何必上高台。

——葛芦罩禅师

洞山良价禅师有一次示众说："兄弟，初夏末，或东去西去，直须向万里无寸草处去。且如万里无寸草处，怎么生去？"

这一段话译成白话是："兄弟们，在这初夏将尽的时分，不管你们是往东往西往任何方向，都要向万里没有一株草的地方走去。如果到了万里没有一株草的地方，看看会怎样？"

有个和尚听见了，不知何意，把这段话拿去问石霜禅师，石霜听了便说:"出门便是草!"

这和尚又把石霜的话告知洞山,洞山感叹道:"大唐国内能有几人?"(能达到出门便是草的境界,放眼大唐国,究竟有几个人呢?)

洞山良价的开示,可以让我们思考禅的悟前与悟后的生活,以及禅宗常说的"真空妙有"。

禅是在追求一种绝对的境界,这种境界是"高高山顶立""孤峰顶上""通玄峰顶"的世界,是飞越了生命的一切认知而达到的。当一个人走到那孤绝的山峰之上就转向另一个世界,那是"平常心是道",是"运水搬柴、神通妙用",是"深深海底行",也是回到生命的本来。

如果用前面的公案来看,求悟是要"向万里无寸草处行去",悟后则是"出门便是草";前者是"超凡入圣",后者是"超圣入凡"——超凡入圣是身心都走向超迈的境界,有着绝对的空明,超圣入凡则是回到红尘里来,用慈悲心来渡世。

超凡入圣是"真空"!

超圣入凡是"妙有"!

因此,圣凡其实并没有太大分别,真空妙有也是无二的。

对于开悟者,由于他能"妙有",所以能落实到生活里来。在未悟的人眼中,世俗生活也许是毒药,是一分一毫沾惹不得,但能坦然承担生活与红尘的禅师,因为他有转化清净毒药的"空性",才敢于服毒、无畏、无忧、无碍、无憾。

我们可以这样说,悟道者是生活在多层面的人,生活于他是一个层面,与任何凡俗的人没有两样,只是他在这凡俗的层面里有着不可形容的深度,他站在亲切自然的土地上,不被凡俗所转,不被浊世所污染,乃至转烦恼为菩提,转毒成智,把毒药化成慈悲的养分。

假如一旦开悟就住在孤峰顶上,不能"入草",失去世俗的平凡,这种开悟，就是焦芽败种的悟，不能对生命有所滋润与灌溉。

小乘与大乘最大的分野，并不在于修行，而在对于圣凡的态度，小乘行人的言行举止异于常人，是把情根断然斩落，大乘行者则在外表上与平常人无异，他只是空明、定慧、波平如镜地生活在红尘世界。

禅，到底是大乘或小乘呢？也只在学人的态度罢了，能超凡入圣、超圣入凡、凡圣无别，才是大乘之道，是有血有肉有歌有泪的英雄事业！美丽的山川、清清的佛性、森罗的万象都历历在目，何必常常在高台上张望呢！

一切水月

一性圆通一切性，

一法遍含一切法；

一月普现一切水，

一切水月一月摄。

——永嘉玄觉禅师

　　铁眼禅师是刻印日本藏经的第一人，他在年轻时发愿要刻一套日文版的藏经，一共有七千余卷，大家都觉得是不太可能的梦想，但铁眼却一个人默默地去实践梦想。

　　铁眼开始到各地去沿门托钵，以筹募刻印藏经的金钱，他每天出门时虔诚得像去讲经，对于每一位奉献印经的人，就好像面对菩萨一样的感恩。

经过了十年之久，铁眼和尚终于筹足了资金，准备开版印制藏经。很不巧的是，当时宇治川河水泛滥，由于严重的水灾，带来了很大的饥荒，铁眼和尚便把筹印藏经的钱全部拿出来救济灾民。

等到饥荒过后，他又开始每天沿门托钵，经过了几年，当他准备再度开版印经的时候，日本发生了传染病的大流行，铁眼于是又把要刻藏经的钱，拿来济助不幸的灾民。

传染病过后，铁眼禅师又像以前一样沿门托钵，却总是一波三折，二十年后，铁眼才把日本第一套藏经印成。这套大藏经的初版雕版，一直到今天还保存在京都的黄檗寺，像铁眼慈悲心切、行愿深长，而使佛教智慧深植日本的故事真是非常动人。

到现在，日本人还这样告诉子孙："铁眼刻了三套藏经，前两套不见形状，但比第三套还要殊胜。"

学习禅道的人虽然讲空，"空"并非漠视人生的一切，而是一种不执着的心，铁眼和尚发下大愿要印藏经，但他并不执着于印经，他深知法界平等无二之理，如果对人没有真实的慈悲，刻印藏经就流于形式、失去意义了。这使我们想到西方哲学的命题："在一场火灾中，选择一幅价值连城的名画和一只平凡的猫时，我们要选择哪一个呢？"

不用考虑，有慈悲心的人一定选择猫，而不选择名画，因为，生灵是最值得珍惜的，一个人不能真正疼惜生命，艺术也将失去最宝贵的依托。学禅者也是如此，若不能进入内在生命，看见光华的慈悲，则禅也成为一朵空中的花了。

在《指月录》里曾记载一则这样的公案：

有一位老太婆，建了一座茅庵供养一位和尚二十年，常常叫一位少女去送饭服侍。一天，老太婆教那少女送饭时抱住那位和尚问："正这么时如何？"

少女遵从老太婆的话做，送饭时就一屁股坐在和尚腿上问道："正这么时如何？"和尚表情严肃地说："枯木倚寒岩，三冬无暖气。"（这就像一枝枯干的木头倚靠在寒冷的山壁，三年也生不起一点暖气。）

少女回来把和尚的话对老太婆说，老太婆生气地骂道："我二十年供养只得个俗汉！"于是，放一把火烧了茅庵，把和尚也赶走了。

禅心是和谐之心，不是断灭之心；禅心是活泼之心，不是死寂之心；禅心是温暖如阳光之心，不是寒冷如冰雪之心；禅心是如如地注视生命，不是转头逃避生命。

禅心要不动如山，但山上有青翠的林木、鲜艳的花草，以及响亮的鸟声、吹动的微风。

禅心要广大如海，但海里有汹涌的波浪、蔚蓝的颜色，以及动人的潮声、活泼的水族。

山的承担、海的包容都是认识生命的本质而生的，生命里如果没有暖气，禅心要从何而生呢？

真实的生命最重要，赵州从谂禅师有一个故事：有一位老太婆请人送钱给赵州，请他转藏经，赵州把钱收下，然后下禅床转了一圈，对送钱来的人说："请告诉老太婆，转藏经已经完成了。"

赵州将自己当成藏经来转，与铁眼印的无形藏经，都是在教化我们：真实的般若是未说一字的，摆在墙上的藏经很重要，但它到底是形式的书，禅者的实践体验才是活的，比形式更重要。

只手之声

　　如果要我选一种最喜欢的花的名字，我会投票给一种极平凡的花："含笑"。

　　说含笑花平凡是一点也不错，在乡下，每一家院子里它都是不可少的花，与玉兰、桂花、七里香、九重葛、牵牛花一样，几乎是随处可见，它的花形也不稀奇，拇指大小的椭圆形花隐藏在枝叶间，粗心的人可能视而不见。

　　比较杰出的是它的香气，含笑之香非常浓盛，并且清明悠远，邻居家如果有一棵含笑开花，香气能飘越几里之远，它不像桂花香那样含蓄，也不如夜来香那样跋扈，有一点接近玉兰花之香，潇洒中还保有风度，维持着一丝自许的傲慢。含笑虽然十分平民化，香味却是带着贵气。

　　含笑最动人的还不是香气，而是名字，一般的花名只是一个代号，比较好的则有一点形容，像七里香、夜来香、百合、夜昙都算是好的。

但很少有花的名字像含笑，是有动作的，所谓含笑，是似笑非笑，是想笑未笑，是含羞带笑，是嘴角才牵动的无声的笑。

记得小时候有一次看见含笑开了，我从院子跑进屋里，见到人就说："含笑开了，含笑开了!"说着说着，感觉那名字真好，让自己的嘴也禁不住带着笑，又仿佛含笑花真是因为笑而开出米白色没有一丝杂质的花来。

第一位把这种毫不起眼的小白花取名为"含笑"的，是值得钦佩的人，可想而知，他一定是在花里看见了笑意，或者自己心里饱含喜悦，否则不可能取名为含笑。

含笑花不仅有象征意义，也能贴切说出花的特质，含笑花和别的花不同，它是含苞时最香，花瓣一张开，香气就散走了。而且含笑的花期很长，一旦开花，从春天到秋天都不时在开，让人感觉到它一整年都非常喜悦，可惜含笑的颜色没有别的花多彩，只能算含蓄地在笑着罢了。

知道了含笑种种，使我们知道含笑花固然平常，却有它不凡的气质和特性。

但我也知道，"含笑"虽是至美的名字，这种小白花如果不以含笑为名，它的气质也不会改变，它哪里在乎我们怎么叫它呢？它只是自在自然地生长，并开花，让它的香远扬而已。

在这个世界上，许多事物都与含笑花一样，有各自的面目，外在的感受并不会影响它们，它们也从来不为自己辩解或说明，因为它们的生命本身就是最好的说明，不需要任何语言。反过来说，当我们面对没有语言、沉默的世界时，我们能感受到什么呢？

在日本极有影响力的白隐禅师，他曾设计过一则公案，就是"只手之声"，让学禅的人参一只手有什么声音。后来，"只手之声"成为日本禅法重要的公案，他们最爱参的问题是："两掌相拍有声，如何是只手之声？"或者参："只手无声，且听这无声的妙音。"

我们翻看日本禅者参"只手之声"的公案，有一些真能得到启发，例如：

老师问："你已闻只手之声，将作何事？"学生答："除杂草，擦地板，师若倦了，为师按摩。"

老师问："只手的精神如何存在？"

学生答："上挂三十三天之顶，下抵金轮那落之底，充满一切。"

老师问："只手之声已闻，如何是只手之用？"

学生答："火炉里烧火，铁锅里烧水，砚台里磨墨，香炉里插香。"

老师问："如何是十五日以前的只手，十五日以后的只手，正当十五日的只手？"

学生伸出右手说："此是十五日以前的只手。"

伸出左手说："此是十五日以后的只手。"

两手合起来说："此是正当十五日的只手。"

老师问："你既闻只手之声，且让我亦闻。"

学生一言不发，伸手打老师一巴掌。

一只手能听到什么声音呢？在一般人可能是大的迷惑，但禅师不仅听见只手之声，在最广大的眼界里从一只手竟能看见华严境界的四法界（理法界、事法界、理事无碍法界、事事无碍法界），有禅师伸出一只手说："见手是手，是事法界。见手不是手，是理法界。见手不是手，而见手又是手，是理事无碍法界。一只手忽而成了天地，成了山川草木，森罗万象，而森罗万象不出这只手，是事事无碍法界。"

可见一只手真是有声音的！日本禅的概念是传自中国，中国禅师早就说过这种观念。例如云岩禅师问道吾禅师说："大悲菩萨用许多手眼作什么？"道吾说："如人夜半背手摸枕子。"云岩说："我会也！"道吾："汝作么生会？"云岩说："遍身是手眼！"道吾："道太煞道，只道得八成。"云岩说："师兄作么生？"道吾说："通身是手眼！"

通身是手眼，这才是禅的真意，哪须仅止于只手之声？

从前，长沙景岑禅师对弟子开示说："尽十方世界是沙门一只眼，尽十方世界是沙门全身，尽十方世界是自己光明，尽十方世界在自己光明里，尽十方世界无一人不是自己。"这岂只是一只手的声音！十方世界根本就与自我没有分别。

一只手的存在是自然，一朵含笑花的开放也是自然，我们所眼见或不可见的世界，不都是自然地存在着吗？

即使世界完全静默，有缘人也能听见静默的声音，这就是"只手之声"，还有只手的色、香、味、触、法。在沉默的独处里，我们听见了什么？在噪闹的转动里，我们没听见的又是什么呢？

有的人在满山蝉声的树林中坐着，也听不见蝉声；有的人在哄闹的市集里走着，却听见了蝉声。对于后者，他能在含笑花中看见饱满的喜悦，听见自己的只手之声；对于前者，即使全世界向他鼓掌，也是惘然，何况只是一朵花的含笑呢！

不着于水

近一两年，花市里普遍的都可以买到莲花了，有的花店，用几个大瓮装莲花，摆成一列放在架上，每一个瓮装一种颜色，金黄、清紫、湛蓝、纯白、粉红的莲花，五色明媚，使人走过时仿佛置身莲花池畔。

把心放平静了，把呼吸调细致一些，就会有莲花的香气从众花之中穿越出来，不愧是王者之香，即使是最浓烈的野姜花之香气，也丝毫不能掩盖那清冽的、悠远的、不染一丝尘土的清净之香。

花香里以莲香最为第一，虽然我也喜欢别的花香，但如果仔细品过莲花的香气就会知道，唯有莲花的香气可以与我们的心灵等高，或者说，唯有莲花才能使我们从尘世的梦中之梦，闻到一些超尘的声息，甚而悟到身外之身。

当学生的时候，我就常常为了看莲花，不惜翻山越岭。最近的莲花是长在南海学园里，坐在历史博物馆小贩卖部的角落，叫一杯品质不是很好的清茶，就可以从俯视的角度看植物园的千花齐放，在风华中翻转。那时感觉到连品质粗劣的清茶也好起来了，手中不管握的是什么书，总也有了书香。

有时会想，一杯茶、一卷书，还少了一炉香，如果有最好的水沉香，则人间可以无憾。有一次午后，突然悟到，如果能真正地进入莲花，则心中自有水沉香，还需要什么香呢？

这是远观，还不能真知道莲花之香。

去年秋天，我到南仁山去，借住南仁湖畔的养牛人家，牛户在竹林里种了一片莲花，有粉红与纯白两色。清晨时分，我借了竹筏撑到竹林外系住，穿林过水走到湖岸，坐在湖边看莲花在晨光中开起，然后莲香自花苞中散出来，由于竹林的围绕，香气盘桓，久久都不逸去。

那是杳无人迹的地方，空气清甜、和风沉静、湖山明澈，有丝丝莲花的香味突然飘荡起来，可想而知是多么动人！我在草坡上坐了一个上午，感觉到连自己的呼吸都有莲花的香味，惊奇地想：是不是人也可以坐成一株莲花呢？

怪不得在佛教里，把莲花当成是第一供养，是供养佛菩萨最尊贵的花；又把人见到自性譬喻成从污泥中开出不染的莲花；甚至用来比喻妙法正法，最伟大的一乘教化经典，名字就叫"妙法莲华经"……这些，在南仁湖的清晨，都使我切身地体会到了。如果不是莲花这样华果俱多、华宝具足、华开莲现、华落莲成，一般俗花如何能比喻妙法呢？

佛经里说，莲花有四德：香、净、柔、可爱。其香深奥悠远、其净出泥不染是我们都知道的，但莲花从花梗、花叶、花瓣都是非常柔软，不小心珍惜，很容易断裂受损，这不也像我们的心一样，如果不细心护惜，一个人的心是很容易受伤的！但易于受伤的心，总比刚强不能调伏的心要好些。

至于可爱，我们有时会觉得兰花俗艳不堪、姜花野性难驯、玫瑰梦幻不实、百合过于吵闹，莲花却没有可挑剔的地方，一株莲花和一群莲花一样，都有宁静、清雅、尊贵、和谐的品质。这世上香花不美、美花不香颇令人感到遗憾，唯有莲花香美具足，它的香令人清明，它的美使人谦卑。

这样尊贵的花，培植不易，以前的价钱非常昂贵，现在喜欢的人多，莲花也普及起来，一株莲花才十五元台币，如果与花店相熟，有时十元就能买到了。十元买到菩萨与自性最尊贵的供养，真是价廉物美，有时想想，人的佛性也是如此，因为普遍、人人都有，就忘失了它的尊贵。

或者不必供在案前，即使是在花市里、在莲花池，看看莲花，亲近其香，就觉得莲花与自己相应而有着无比的感动。

在晨曦中，看书案前的一盆莲花盛开，在上扬的沉香中，观想自己有如莲花开放，或者甚至成为花里的一缕香，这时会想起《阿含经》中说的：莲花生在水中、长在水中、伸出水上，而不着于水。如来生于人间、长于人间、出于人间，而不执着人间的法。心里就震动起来，泫然欲泣，连眼角都有了水意，深信自己虽生于水，总有一天也能像莲花一样不着于水。

在污浊的人世，还能开着莲花，使我们能有清净与温柔的对待真值得感恩，"一念心清净，处处莲花开；一花一净土，一土一如来。"愿我们在观莲花的时候，也能反观自己的莲花，在我们一念觉悟、一念慈悲、一念清净、一念柔软、一念芬芳、一念恩泽等等菩提心转动的时候，我们的莲花就穿出贪瞋痴慢疑欲望的水面，在光明的晨光中开启了。

当我们像饱含甘露的莲花时，我们就会闻到从我们身体呼出来的最深的芳香！

发从今日白

○
○ ○ ○

拥毳对芳丛，由来迥不同。

发从今日白，花是去年红。

艳异随朝露，馨香逐晚风。

何须待零落，然后始知空。

——清凉文益禅师

如果问人间最美丽短暂而虚幻不实的事物是什么，大概就是镜花水月了，镜里的花、水中之月常给我们短促无常、虚幻不定之感。因此，在禅的诗歌里，有很多是咏叹镜花水月的，就以花来看，禅师在看着风中美丽的、很快就要凋落的花，与平常人看花有什么不同呢？

隋朝的灵藏和尚写过一首《看花》，颇有壮大的怀抱：

满山红踯躅，殊胜牡丹花；
富贵生犹死，贫寒志不赊。

唐朝的悟达国师（知玄禅师）则从无常的观点写了一首《咏花》：

花开满树红，花落万枝空；
唯余一朵在，明日定随风。

宋朝的清珙和尚曾写过一首《山花》，说明了悟道不在有情无情，
而在有没有眼睛：

几树山花红灼灼，一池清水绿漪漪；
衲僧若具超宗眼，不待无情为发机。

元朝的柏子庭和尚，写了一首《看花》，从花的观点来述说人只要
自在就好，何必在乎别人的看法：

或说桃花艳，常言梅蕊清；
存心但如此，臧否曷权衡？

明朝的道源禅师则在早放的梅花里看见了修行人的境遇，写了一首
《早梅》：

万树寒无色，南枝独有花；
香闻流水处，影落野人家。

我们隔着时空，顺手拈来禅师看花的心境，可以知道看花一事不是小道，清朝的敬安和尚因为看到桃花零落、飞红满溪，悟知人身有如水中泡，即在佛前燃去二指供佛，自号为"八指头陀"，这是最彻底的看花了。一朵花的生命虽然短暂，但在长空万古的宇宙，人何尝不是一朵花一样呢？艳丽的桃花会随风而落，高贵的牡丹会因时而谢，以清越自许的梅花又何尝有明天可以寄托？人如果不能在看花时有所省思，则人的生死与花的开落又有何异？

因此，我特别喜欢清凉文益禅师的这首《咏花》，他把自己比成一株花，感叹"发从今日白"（今天就已经老去了，何必等到明天？），因而悟到一切都会零落，人不必等到零落时才知道空相，在盛放时其实早就知道结局了。

清凉文益是五代的大禅师，他常教化门人，要随时节因缘，要光阴莫虚度，他常说："圣人无己，靡所不己"（圣人因为没有我执，所以没有一件事物不在怀抱之内），又说："欲知佛性义，当观时节因缘"，都说明了禅师不是自外于世界的，而是与世界和谐，在时节的因缘之中不时都开启着佛性。

所以，要学禅，先学看花，说不定是个很好的入处。可叹的是，美人在照镜的时候，往往只看到"唯余一朵在"，而看不到"明日定随风"！英雄站在山头的时候只知道"南枝独有花"，不知道"影落野人家"呀！

哪一天，我们照镜时在镜中看见一朵花，或我们看花时在花蕊里看见自己的面影，那时就比较能理解禅师们看花的感怀了！

学看花

现代通家南怀瑾居士，有一次谈到他少年时代，一心想学剑的故事。

他听说杭州西湖城隍山有一个道人是剑仙，就千里迢迢跑去求道学剑，经过很多次拜访，才见到那位仙风道骨的老人。老人先是不承认有道，更不承认是剑仙，后来禁不起恳求，才对南先生说："欲要学剑，先回家去练手腕劈刺一百天，练好后再在一间黑屋中，点一支香，用手执剑以腕力将香劈开成两片，香头不熄，然后再……"

老人说了许多学剑的方法，南先生听了吓一跳，心想劈一辈子也不一定能学会剑，更别说当剑仙了，只好向老人表示放弃不学。这时，老人反过来问他："会不会看花？"

"当然会看。"南先生答曰，心想，这不是多此一问吗？

"不然，"老人说，"普通人看花，聚精会神，将自己的精气神，都倾泻到花上去了，会看花的人，只是半觑着眼，似似乎乎的，反将花的精气神，吸收到自己身中来了。"

南先生从此悟到，一个人看花正如庄子所说："与天地精神相往来"，不只是看花，乃至看树、看草、看虚无的天空，甚至看一堆牛粪，不都是借以接到天地间的光能，看花的会不会，关键不在看什么，而在于怎么看。

所以，南先生常对跟他学道的人说：先学看花吧！

南先生所说的"学看花"和禅宗行者所说的"瓦砾堆里有无上法"意思是很相近的，也很像学佛的人听说的"细行"，就是生活中细小的行止，如果在细行上有所悟，就能成其大；如果一个人细行完全，则动行举止都能处在定境。因此，细行对学佛的人是非常重要的，民初禅宗高僧来果禅师就说："我人由一念不觉，才有无明，无明只行细行，未入名色。今既复本细行，是知心源不远。……他人参禅难进步，细行人初参即进步。"

我们常说修习菩萨道，要注意"三千威仪，八万细行"，就是指对生活的一切小事不可空忽，应该知道一切的语默动静都有深切的意义。

顾全细行，究竟有什么意义呢？

从前，佛陀在世的时候，有一天到忉利天宫，帝释（即俗称玉皇大帝）设宴供养，佛陀即把帝释也化成佛的形相，佛陀的弟子目连、舍利弗、迦叶、须菩提等人随后到了忉利天，看到两个佛陀坐在里面，不知道哪一位才是佛陀，难以向前问礼，目连尊者心惊毛竖，赶紧飞身到梵天上，也分不清哪一个是佛，又远飞九百九十恒河沙佛土之外，还是分不清。（因为佛法身大于帝释，理论上应该从远处即可分清。）

目连尊者急忙又飞身回来，找舍利弗商量要怎么办。舍利弗说："诸罗汉请看座上哪个有细行？眼睛不乱翻，即是世尊。"

佛陀的弟子这时才从细行分出真假佛陀，齐向佛前问礼，佛陀对他们说："神通不如智慧，目连粗心，不如舍利弗细行。"（按，目连是佛弟子中神通第一，舍利弗则是智慧第一。）佛陀的意思是智慧是从细行中生出，只有细行的人才能观到最细微深刻的事物。

细行，包括行、住、坐、卧、言语、行事、威仪等等一切生活的细微末节，来果禅师就说一个人能细行，到最微细处，能听到蚂蚁喊救命而前去救护，他曾说到自己的经验："余一日睡广单（即通铺），闻声哭喊，下单寻觅，见无脚虱子，在地乱碰乱滚。"心如果能细致到这步田地，还有什么不能办呢？

律宗高僧弘一大师，是南山律宗的传人，持戒最为精严，平时走路都怕踩到虫蚁，因此常目视地上而行。弘一大师的事迹大家在《弘一大师年谱》《弘一大师传》中都很熟悉，但有一件事是大家比较不知道的：

弘一大师晚年受挚友夏丏尊先生之托，为开明书局书写字典的铜模字体，已经写了一千多字，后来不得不停止，停止的原因，弘一大师在写给夏丏尊的信中曾详细述及，最重要的一个原因，他写道："去年应允此事之时，未经详细考虑，今既书写之时，乃知其中有种种之字，为出家人书写甚不合宜者。如刀部中残酷凶恶之字甚多。又女部中更不堪言。尸部中更有极秽之字。余殊不愿执笔书写。"最后，弘一大师无可奈何地写道："余素重然诺，绝不愿食言，今此事实有不得已之种种苦衷，务乞仁者向开明主人之前代为求其宽恕谅解，至为感祷。"

我读《弘一大师书简》到这一段时，曾合书三叹，这是极精微的细行，光是书写秽陋的字就觉得污染了自己的身心，我近年来也颇有这样的体会，对我们靠文字吃饭的人，读到弘一大师的这段话，能不惭愧忏悔吗？

当然，我们凡夫要做到高僧一样的细行，非常困难，不过从世俗的观点看来，要使自己的人格身心健全，细行仍然是必要的，怎么样学细行呢？

先学看花！再学看牛粪！

学看花固然是不因花香花美而贪着，学看牛粪则也不因粪臭粪恶而被转动,这样细行才守得住。正是佛陀在《杂阿含经》中说的:"诸所有色,若过去若未来若现在,若内若外,若粗若细,若好若丑,若远若近,彼一切非我,非我所,如实观察受想行识,亦复如是。……如是观察,于诸世间都无所取,无所取故,无所着;无所着故,自觉涅槃。"

佛经里常以莲花喻人,若我们以细行观莲花,一朵莲花的香不是花瓣香,或花蕊香,或花茎香,或花根香,而是整株花都香,如果莲花上有一部分是臭秽的,就不能开出清净香洁的莲花了。此所以有人把戒德称为"戒香",只有一个人在小节小行上守清规,才能使人放出人格的馨香,注意规范的本身就是一种香洁的行为。

会看花的人,就会看云、看月、看星辰,并且在人世中的一切看到智慧。

"会看"就要先有细致的心,细致的心从细行开始,细行犹如划起一支火柴,细致的心犹如被点燃的火炬,火炬不管走进多么黑暗的地方,非但不和黑暗同其黑暗,反而能照破黑暗,带来光明!火炬不但为自己独自照亮,也可以分燃给别人,让别人也有火炬,也照亮黑暗。

此所以莲花能出污泥而不染。

此所以仁者能处浊世而不着。

细行能成万法,所以不能小看花,不能明知而走错一步,万一走错了要赶紧忏悔回头,就像花谢还会再开!就像把坏的枝芽剪去,是为了开最美的花。

那么,让我们走进花园,学看花吧!

处处莲花开

与马祖道一同创禅林清规的百丈怀海禅师，曾有一个伟大的教化："一日不作，一日不食。"意思是一日不工作，一日就不该吃饭。

在百丈晚年，他仍然每天下田耕作，弟子们担心他太劳累，把他的锄头藏起来，结果百丈从那一天开始节食，到第三天，弟子把锄头还给他，他到田里工作后才开口吃饭。

百丈这样努力工作，一直到九十五岁逝世才停止。

我每次想到百丈"一日不作，一日不食"的教诲，就好像听到国歌一样，有一种庄肃的心。百丈的好，就好在他不是说："一日不坐，一日不食"，因为终日晏坐的人不一定能体会禅心，禅心是遍一切处，无所不在的，唯有在奋力的工作中还有禅心的人，才可能迈入"日日是好日，处处莲花开"之境。

从禅宗的历史看来，有非常多的祖师是在工作中契入悟境，数量不比坐着开悟的少。

因此，我们可以说，百丈禅师是最早提出工作禅心的人，这伟大的创见，带来两个深远的影响，一是使禅的修行落实于生活，使生活的每一个片段都有开悟之机，唯有如此，人才不会舍弃生活，去追求那些不着边际的悟境。

二是使禅的修行从寺院中扩展出来，使禅师离开禅堂和蒲团也可以开悟。使无缘进入寺院修行的人，也能站在人间修行。这种打破修行藩篱的创见，使得历史上几次灭佛运动，禅宗都能幸运渡过，并在灭佛运动过后，很快地生气勃发。

另外，禅师透过工作，身体锻炼得更为强健；禅师透过工作，变得更有组织，更有效率；禅师透过工作，参与了人间疾苦，不致因追求开悟而造成寄生社会的印象。

透过百丈禅师确立的丛林清规，历史上的禅寺虽然规模宏大，常达到数千人以上的徒众，却能戒律严明、分工合作，井井有条，这不只是工作禅心了，而是了不起的企业管理。

有一次，我和徐木兰教授谈到，如果能有人研究古来丛林的管理方法，说不定会给现代化的管理带来一些新的启示。徐教授是专研企业管理的，加上自己对瑜伽、修行的体验，就表示了高度的兴趣。

近来，读到她的新作《工作禅心》，正是从企业、管理、工作来分析职场里如何锻炼心灵和发展潜能的方法，她把中国禅和西式工作伦理相结合，写成一系列精练的短文，创见非凡，对在工作中彷徨、受挫、无奈的心灵，相信能带来更大的启示、更深的思考。

人，而必须工作，这是人生的无奈；但人，能透过工作启发智慧、发展禅心，又是何其幸运！

百丈禅师还有两件伟大的事，一是在他的丛林里"不立佛殿，唯树法堂，表法超言象也"。他在寺庙中不设佛堂，只有说法坐禅的地方，因为法是超越形式的。

　　禅心不是形式，因此，办公室里也是法堂，禅心也不拘形式，上司、同事也可以是修行的法侣。

　　二是他强烈主张弟子的成就应该超过师父，只有这样的弟子才有传授的资格。他说："见与师齐，减师半德，见过于师，方堪传授。"

　　这是从老师的角度看，如果从弟子的角度，每一个弟子也应该有超越师父的雄心才好。在职场工作的上班族可能职位卑微、人微言轻，但若认识到禅心平等的真意，见解超过老板是很容易的事，只要愿意锻炼，成就也有超越的可能。这样，在工作中不但"堂堂正正又有何惧"，还能"乐在工作""来一场丰富之旅"哩！

卷 帘

○
○○
○

　　有一次我买回一卷印刷的长江万里图长卷，它小得不能再小，比一枝狼毫小楷还短，比一碇漱金好墨还细，可以用一只手盈握，甚至把它放在牛仔裤的口袋里，走着也感觉不到它的重量。

　　中夜时分，我把那小小的图卷打开，一条万里的长江倾泻而出，往东浩浩流去，仿佛没有尽头。里面有江水、有人家、有花树、有亭台楼阁，全是那样浩大，人走在其中，还比不上长江水里一粒小小的泡沫。

　　那长江，在图里面是细小精致的，但在想象中却巨大无比。那长江，流过了多少世代、多少里程，流过多少旅人的欢欣与哀愁呢？想着长江的时候，我的心情不一定要拥有长江，也不要真的穿过三峡与赤壁，只要那样小而精致的一卷图册来包容心情，也就够了。

　　读倦的时候，把长江万里图双手卷起，放在书桌上的笔筒里，长江的美就好像全收在竹做的笔筒里；即使我的心情还在前一刻的长江奔流，也不免想到长江只是一握，乡愁，有时也是那样一握，情爱与生命的过往也是如此。它摊开来长到无边无际，卷起时盈盈一握，再复杂的心情刹那间凝结成一粒透明的金刚钻，四面放光。

那种感觉真是美，好像是钓鱼的人意不在鱼，而在万顷波涛，唐朝的船子和尚《颂钓者》诗写过这种心情：

> 千尺丝纶直下垂，一波才动万波随；
> 夜静水寒鱼不食，满船空载月明归。

钓鱼的人意不在鱼，看图的人神不限于图，独坐的人趣不拘于独坐，正足以一波动万波，达到更高的境界。

同样的读屈原离骚，清朝诗人吴藻却读出"一卷离骚一卷经，十年心事十年灯"；同样看芦苇，王国维却看出"人生只似风前絮，欢也零星，悲也零星，都作连江点点萍"；同样诵梅花，黄庭坚却诵出"坐对真成被花恼，出门一笑大江横"；同样是夜眠有梦，欧阳修却梦到"夜凉吹笛千山月，路暗迷人千种花；棋罢不知人换世，酒阑无奈客思家"……同样是面对小小的景物，人却往往能超想于物外，不为景物所限。

这种卷帘望窗的心情几乎是无以形容的，像是"平芜尽处是春山，行人更在春山外"、是"佳句奚囊盛不住，满山风雨送人看"。秦观的几句词说得最好："无端天与娉婷，夜月一帘幽梦，春风十里柔情。"

帘与窗是不同的，正如卷起来的图画与装了画框的画不同。因为帘不管是卷起或放下，它总与外界的想象世界互通着呼吸，有时在黑夜不能视物，还能感受到微风轻轻的肤触，夜之凉意也透过帘的空隙在周边围绕。因为卷起来的画不像画框一览无遗，它里面有惊喜与感叹，打开的时候想象可以驰骋，卷收的时候仿佛拥有了无限的空间在自己掌中。

我从小就特别知觉那种卷藏的魅力，每看到长辈有收藏中国书画，总是希望能探知究竟。每天最喜欢的时刻，就是清晨母亲来把我们窗口的帘子卷起，阳光就像约定好的，在刹那间扑满整个房间，即使我们的屋子非常简陋，那一刻都能感觉到充分的光明与温暖。

父亲有一幅达摩一苇渡江的图画，画上没有署名，只是普通民间艺匠的作品，却也能感觉到江面在无限延伸。那达摩须发飞扬地站在一株细瘦几不可辨的苇草上，江水滔滔，达摩不动如山，两只巨眼凝视着东方湛然的海天，他的衣袂飘然若一片水叶，他的身姿又稳然如一尊大山。

父亲极宝爱那幅画，平时挂在佛堂的右侧，像神一样地看待他。佛堂是庄严神圣之地，我们只能远远看着达摩，不敢乱动。我十六岁时我们搬家，父亲把达摩卷成一卷，交我带到新家。

把达摩画像夹在腋下，在田埂上走的时候，我好像可以在肌肤上，感觉达摩的须发与巨眼，以及滚动的江水，顿时心中涌上一片温热，仿佛那田埂是一苇，两边随风舞动的稻子是江浪渺渺，整个人都飘飘然起来。

当时的达摩不是佛堂里神圣不可冒犯的神了，而和凡人一样有脉搏的跳动，令我感动不已。听说达摩祖师的东来之意，是要寻找一个"不受人惑"的人，"不受人惑"的理想标杆，原像一苇那么细弱，但把达摩收卷在腋下时，我觉得再细弱的苇草，也可以度人走过汨汨流波，"不受人惑"也就变得坚强，是凡人可以触及的。

我把达摩挂在新家的佛堂时，画幅由上往下开展，江水倾泻，达摩的巨眼在摊开的墙壁上，有如电光激射，是我以前都不能感受到的。如今一收一放，感觉之不同竟有至于斯，达到不可想象的境界。

在我们故乡附近，有一座客家村，村里千百年来，流传着一项风俗，就是新婚夫妻的新房门前，一定要挂一幅细竹编成的竹门帘；站在远处看三合院，如果其中有竹门帘，真像是挂在客厅里的中堂；它不像一般门帘是两边对分，而是上下卷起，富有古趣，想是客家的古制之一。

送给新婚夫妻的门帘上，有时绘着两株花朵，鲜艳欲滴地纠缠在一起；有时绘着一双龙凤，腾空飞翔互相温柔地对看；最普遍的是绘两只鸳鸯，悠然地、不知前方风雨地，从荷塘上相依漂过。

客家竹门帘的风俗，不知因何而起，不知传世多久，但它总给我一种遗世之美。每当我们送进一对新人放下门帘的时候，两只色彩斑斓的鸳鸯活了起来，在荷塘微风的扬动中，游过来，又追逐过去。纵令天色已暗，它们也无视外面忽明忽灭的星光。

新婚时的竹门帘，让人想到情感再折磨，也有永世的期待。

后来我常爱到客家村，有时不为什么，只为了在微风初起的黄昏去散步时，看看每家的竹门帘。偶尔看到人家门口多添了一张新门帘，就知道有一对新夫妻，正为未来的幸福做新的笺注和眉批。但是大部分人家的竹门帘，都在岁月的涤洗中褪色了，有的甚至破烂不堪，卷起时零零落落，像随时要支离。仔细地看，纠缠的花折断了，龙凤分飞了，鸳鸯有的折伴有的失侣，有的苍然浑噩不能辨视它旧日的模样。

原来，大部分夫妻婚后就一直挂着新婚的门帘，数十年不曾更换，时间一久，竟是失了形状、褪了色泽。我触摸着一只断足的鸳鸯，心中感怀无限：不知道那些老夫妇掀开门帘，走近他们不再鲜丽的门帘时，是一种什么心情。我知道的是，人世的情爱，少有能永远如新地穿过岁月的河流，往往是岁月走过，情爱也在其中流远，远到不能记忆青衫，远到静海无波。而情爱与岁月共同前行的步迹，正在竹门帘上显现出来。

有时候朋友结婚，我也会找一卷颜色最鲜、形式最缠绵的竹门帘送他们，并且告以这是客家旧俗中最美的一种传统，就看见两朵粲然的微笑，自他们的容颜升起。然而走在回家的路上，我却不敢想起客家村落常见的景象。那剥落的景象正如无星的黑夜，看不见一点光。

我知道情感可以如斯卷起，但门帘即使如新，也无以保存过去的感情，只好把它卷在心中最深沉的角落。就像卷得起长江万里图，心中挂着长江；卷得起一苇渡江，但江面辽阔，遥不可渡。

卷着的帘、卷着的画，全是谜一般的美丽。每一次展开，总有庄穆之心，不知其中是缠绵细致的情感，或是壮怀慷慨的豪情；也不知里面是江南的水势、江北的风寒，或是更远的关外的万里狂沙。唯一肯定的是，不管卷藏的内容是什么，总会或多或少触动心灵的玄机。

诗人韦庄有一阕常被遗忘的好词，正是写这种玄机被触动的心情：

春雨足

染就一溪新绿

柳外飞来双羽玉

弄晴相对浴

楼外翠帘高轴

倚遍阑干几曲

云淡，水平，烟树簇

寸心，千里目

前半段写的是一双白羽毛的鸟在新绿的溪中相对而浴，是鸳鸯竹帘的心情；后半段写的是翠帘高卷的阑干上目见的美景，寸心飞越千里，是长江万里图的家国心情。读韦庄此词，念及他壮年经黄巢之祸的乱离，三十年家国和千百里河山全在一念之间，跌宕汹涌而出。而且我们不要忘记，他卷起的楼外，不只是一幅幅的图画，也是一层层的心情——有时多感不一定要落泪，光看一张帘卷西风的图像，就能使人锥心。

我有一幅印刷的王维"山阴图卷"，买来的时候久久不忍打开，一夜饮中微醉，缓缓展开那幅画。先看到左方从山石划出来的一苇小舟，坐着一位清须飘飘的老者泛舟垂钓，然后是远处小洲上几株迎风的小树，近景是一棵大树悠然垂落藤蔓。画的右边是三个人，两位老者促膝长谈，一位青年独对江水两眼平视远方……最右侧是几株乱树，图卷在乱树中戛然而止。

泛舟老叟钓到鱼了没有？我不知道。

两位老者在谈些什么？我也不知道。

那位青年面对江水究竟在独思什么？我更全然不知。

"山阴图卷"本来是一幅澹远幽雅的古画，是我们壮怀的盛唐里生活平静的写照。可是由于我的全然不知，读那幅画时竟有些难以排遣的幽苦，幻化在那江边，我正是那独坐的青年，一坐就坐到盛唐的图画里去。等酒醒后，才发现盛唐以及其后的诸种岁月已流到乱树的背后，不可捉摸了。

我想过，如果那幅画是平裱在玻璃框里，我绝对不会有那时的心情，因为那青年的图像，在画里构图的地位非常之小，小到难以一眼望见；只有图卷慢慢张开的时候，才能集中精神，坐进一个难以测知的想象世界。

有一年，是在风雨的夜里吧！我在鼻头角的海边看海潮，被海上突来的寒雨所困，就机缘地夜宿灯塔。灯塔最是平凡的海边景致，最多只能赢得过路时一声美的赞叹。

夜宿的心情却不同。头上的强光一束，亮然射出，穿透雨网，明澈摄人。塔的顶端窗门竟有竹帘，我细心地卷了帘，看到天风海雨围绕周边，海浪激射一起一落，在夜雨的空茫里，渔火点点，有的面着强光驶进港内，有的依着光漂向渺不可知的远方。

那竹帘是质朴的原色，历经不知多少岁月还坚固如昔。竹帘不比灯塔，能指引海上漂泊的人，但它能让人的想象不可遏止还胜过灯塔。

我知道那是台湾的最北角，最北最北的一张竹帘。那么，仿佛一卷帘，就能望见北方的家乡。

家乡远在千山外，用帘、用画都可以卷，可以盈握，可以置于怀袖之中。卷起来是寸心，摊开来是千里目，寸心与千里，有一角明亮的交叠，不论走到哪里，都是浮天沧海远，万里眼中明。

在鼻头角卷帘看海那一夜，我甚至看见有四句诗从海面上浮起，并听到它随海浪冲打着岩岸，那四句诗是于右任的"壬子元日"：

> 不信青春唤不回
> 不容青史尽成灰
> 低徊海上成功宴
> 万里江山酒一杯

记忆的版图

　　一位长辈到大陆探亲回来，说到他在家乡遇到兄弟，相对地坐了半天还不敢相认，因为已经一丝一毫都认不出来了。

　　在他的记忆里，哥哥弟弟都还是剃着光头，蹲在庭前玩泥巴的样子，这是他离开家乡时的影像，经过四十年还清晰一如昨日。经过时间空间的阻隔，记忆如新，反而真实的人物是那样陌生，找不到与记忆的一丝重叠之处。

　　更使他惊诧的是，他住过的三合院完全不见了，家前的路不见了，甚至家后面的山铲平了，家前的海也已退到了远方。

　　他说："我哥哥指着我们站立的地方，说那是我们从前的家，我环顾四周竟流下泪来，如果不是有亲人告诉我，只有我自己站在那里的话，完全认不出那是我从童年到少年，住过十七年的地方。"

　　这使他迷茫了，从前的记忆是真实的，眼前的现实也是真实的，但在时间空间中流过时，两者却都模糊，成为两个毫不相连的梦境。在此地时，回观彼处是梦，在彼地时，思及此处也是梦了。到最后，反而是记忆中的版图最真实，虽然记忆中的情景已然彻底消失了。

这位长辈回来后怅惘了很久，认为是"四十年来家国，三千里地山河"的缘故，才让他难以跳接起记忆中沦落的事物。其实不然，有时不必走得太远，不必经过太久的时光，我们也可以感受到这种怅惘。

我有一个朋友，他每次坐在台北松江路六福客栈的咖啡厅时，总会指着咖啡厅的地板，说："你们相不相信，这一块是我小时候卧室的所在，我就睡在这个地方，打开窗户就是稻田，白天可以听到蝉声，夜里可以听见青蛙唱歌，这想起来就像是梦一样了。"那梦还不太远，但时空转换，梦却碎得很快。

记忆的版图在我们的心中是真实的，它就如同照相机拍下的静照，这里有我走过的一条路，爬过的一座山；那里有我游过泳、捞过虾的河流；还有我年幼天真值得缅怀的身影。这版图一经确定，有如照相纸在定影液中定影，再也无法改变，于是，当我们越过时空，发现版图改变了，心里就仿佛受到伤害，甚至对时间空间都感到遗憾与酸楚。

两相对照之下，我们往往否定了现在的真实，因为记忆的版图经过洗涤、美化，像雨雾中的玫瑰，美丽无方，丑陋的现实世界如何可以比拟呢？

其实，在记忆中的事物原来可能不是那么美好的，当时比现在流离、颠沛、贫困，甚至面临了逃难的骨肉离散的苦厄，但由于距离，觉得也可以承受了。现在的真实也不一定丑陋，只是改变了，而我们竟无法承担这种改变。

最近我和朋友在黄昏时走过大汉溪畔，他感慨地说："我从前时常陪伴母亲到溪畔洗衣，那时的大汉溪还清澈见底，鱼虾满布，现在却变成这样子，真是不可想象的。到现在我还时常恍惚听见母亲捣衣的声音。"

朋友言下之意，是当年在大汉溪畔的岁月，包括溪水、远山、母亲的背影、捣衣的杵声，都是非常美丽的。其中有一个最重要的原因，就是他已失去了母亲，没有母亲的大汉溪已失去了昔日之美。

我对朋友说："其实，你抬起头来，暂时隐藏你的记忆，你会看见大汉溪还是非常美的，夕阳、彩霞、水草、卵石、鸭群，还有偶尔飞来的白鹭鸶，无一不美。"

朋友听了沉默不语，我问说："如果你的母亲还在，你希望她继续来溪边捣衣，还是在家里用洗衣机洗衣服？"

朋友笑了。

是的，记忆是记忆，现实是现实，以记忆判断现实，或以现实来观察记忆，都容易令我们陷入无谓的感伤。

如何才能打破我们心中记忆与现实间的那条界限呢？在我们这一代或上一代，所谓记忆的版图最优美的一段，是农业时代那种舒缓、简单、平静、纯朴、依靠劳力的田园；而我们下一代记忆的版图或我们当下的现实却是急促、复杂、转动、花俏、依靠机械科学生活的城乡。如果我们是现代鬼，就会否定昔日生活的意义；如果我们是怀旧的人，就会否认现代生活之美。这必然使我们的成长变为对立、二元、矛盾、抗争的线。

其实，不一定要如此决然。我想起日本近代的禅学大师铃木大拙，有一次一位沉醉于东方禅学的瑞士籍教授千里迢迢来拜望他，这位瑞士教授提出自己对东方西方分别的见解，他说："使人走向幸福之路的方法有二，一是改变外在的环境，例如热得不堪时，西方人用冷气机来降低温度。另一个方法是改变内部的自己，例如热得不堪时，禅者减去心头火而得到清凉。前者是西方发达的科学、技术的方法，后者是东方，尤其是禅所代表的、主体的方法。"

这位教授说得真好，并以之就教于铃木大拙。铃木的回答更好，他说，禅并非与科学对立的主观精神，发明冷气机的自觉中就有禅的存在，禅不只是东方过去文化的财产，而是要在现代里生存着、活动着、自觉着的东西，此所以禅不违背科学，而是合乎科学、包容科学、超越科学的。制造更多、更普遍的冷气机，使人人清凉的科学行为中就有禅的存在。

从这个故事里，我们知道主张空明的禅并非虚无，而是应该涵容时空变迁中一切现实的景况，在两千多年前，禅心固已存在，推到更远的时空中，禅心何尝不在呢？纵使在最科技前卫的时代，一切为人类生活前景而创造的行为中，禅又何尝不在呢？如果要把禅心从科技、方法中独存抽离出来，禅又如何活生生地来救济这个时代的心灵呢？所以说，在燠热难忍的暑天，汗流满地的坐禅固然表现了禅者清凉的风格，若能在空气调节的凉爽屋内坐禅，何尝不能得到开悟的经验呢？

禅心里没有断灭相，在真实的生活、实际人生的历程中也没有断灭。记忆，乃是从前的现实；现在，则是未来的记忆。一个人若未能以自然的观点来看记忆的推移、版图的改变，就无法坦然无碍面对当下的生活。

我们在生命中所经验的一切，无非都是一些形式的展现，过去我们面对的形式与目前所面对的形式容有差异，我们真实的自我并未改变，农村时代在农田中播种耕耘的少年的我，科技时代在冷气房中办公的中年之我，还是同一个我。

学禅的人有参公案的方法，公案是在开发禅者的悟，使其契入禅心。我觉得参禅的人最简易的方法，就是把自己当成公案，一个人若能把自己的矛盾彻底地统一起来，使其和谐、单纯、柔软、清明，使自己的言行一致，有纯一的绝对性，必然会有开悟的时机。人的矛盾来自于身、口、意的无法纯一，尤其是意念，在时空的变迁与形式的幻化里，我们的意念纷纭，过去的忧伤喜乐早已不在，我们却因记忆的版图仍随之忧伤喜乐，我们时常堕落于形式之中，无法使自己成为自己，就找不到自由的入口了。

我喜欢一则《传灯录》的公案：

有一位修行僧去问玄沙师备禅师：

"我是新来的人，什么都不知道，请开示悟入之道。"

禅师沉默地谛听一阵，反问：

"你能听到河水的声音吗？"

"能听到。"

"那就是你的入处，从那里进入吧！"

在《碧严录》里也有一则相似的公案：

窗外下着雨的时候，镜清禅师问他的弟子：

"门外是什么声音？"

"是雨的声音。"弟子回答说。

禅师说："太可悯了，众生心绪不安，迷失了自己，只在追求外面的东西。"

河水的声音、雨的声音、风的声音，乃至鸟啼花开的声音，天天都充盈了我们的耳朵，但很少人能从声音中回到自我，认识到我才是听的主体，返回了自我，一切的听才有意义呀！这天天迷执于听觉的我，究是何人呀？《碧严录》中还有一则故事，说古代有十六个求道者，一心致力求道都未能开悟，有一天去沐浴时，由于感觉到皮肤触水的快感，十六个人一起突悟了本来面目。每次洗澡时想到这个故事，就觉得非凡的动人，悟的入处不在别地，在我们的眼睛、耳朵、意念、触觉的出入里，是经常存在着的！

我们的记忆正如一条流动的大河，我们往往记住了大河流经的历程、河边的树、河上的石头、河畔的垂柳与鲜花，却常常忘记大河的本身，事实上，在记忆的版图重叠之处，有一些不变的事物，那就是一步一步踏实地、经过种种历练的自我。

在混沌未分的地方，我们或者可以溯源而上，超越记忆的版图，找到一个纯一的、全新的自己！

随缘与任运

君但随缘得似风，

飞沙走石不乖空；

但于事上通无事，

见色闻声不用聋。

——佚名

　　李小龙尚未在电影圈成名时，是在好莱坞教授武术，有一天教完武术，和他的弟子、有名的剧作家史托宁·施利芳在一起喝茶聊天，谈到了"花费时间"和"浪费时间"的不同。

　　"花费时间是把时间花在某一个方式上，"李小龙首先开口，"在练功夫时，我们是花费时间，现在谈天，也是花费时间。浪费时间则是糊里糊涂或漫不经心地把时间耗掉。我们有时候把时间花费掉，有时候把时间浪费掉，至于花费或浪费，就全靠我们自己的选择了。无论如何，时间一过去，就永远不会回来了。"

"时间是我们最宝贵的商品，"史托宁同意："我总是把时间分成无数的瞬间、交易或接触。任何人偷了我的时间，就等于偷了我的生命，因为他们正在取走我的存在。当我岁数越大时，我知道时间是我唯一剩下的东西。因此，有人拿着什么计划找我时，我就会估计该项计划将花掉我多少时间，然后问我自己：'因为这个计划，我愿意从我所剩下的少数时间内，花掉几个星期或几个月吗？它值得我花这么多时间吗？还是我只是在浪费时间呢？'如果我认为这计划值得我花时间，我就会去做。

"我把同一尺度用在社会关系上。我不容许别人偷走我的时间，我不再广结天下豪杰，我只结交那些能够使我时间过得愉快的朋友。在我的生命中，我空出若干必要的时刻，什么事也不做，但那是我的选择。我自己选择如何花费时间，而不盲从社会习俗。"

史托宁说完之后，李小龙望着天空，一会儿才问，是否可以借打电话。

当李小龙回来时，微笑着说："我刚才取消一项约会，因为对方只是要浪费我的时间，而不是帮助我花费时间。"然后他很诚恳地对史托宁说，"今天你是我的老师。我首次知道我一直在跟某些人浪费掉多少时间，从前我从来没有想过他们是在取走我的存在。"

我一直很喜欢李小龙的这个故事，想到李小龙之所以只以很短的时间，少数几部电影就令人念念难忘，是除了他的电影和武术之外，他有一种敏于深思的气质。而这个故事告诉了我们一些关于禅的重要概念，例如要把握当下，因为每一个当下都是生命最宝贵的存在。例如什么事也不做，往往是生命的必要时刻。例如吃饭睡觉虽然是时间的花费，但花费不一定是浪费。例如修行者虽讲随缘，必须要有舍的态度。

"当下即是""把握当下""活在眼前"是一种平常心与平常事的体现，是彻底的契入生命的存在，也是一种不纵容的思想。宗宝禅师曾把这种精神说是："事来时不惑，事去时不留。"马祖则说："任运过时，更有何事。"

现代人喜欢讲随缘，却不知随缘并不是跟着因缘转，而是其中有所不变，在禅者而言，"随缘"就是"任运"，是在世缘之中不为世法所染。

这种任运，古来的禅师说了很多，像道悟说："任性逍遥，随缘放旷，但尽凡情，别无圣解。"像云门说："终日说事，未曾挂着一唇齿，未曾道着一字；终日着衣吃饭，未曾触着一粒米，挂着一缕丝。"像大珠说："解道者行、住、坐、卧，无非是道。悟法者纵横自在，无非是法。"

道是道路，是人人能走的，法是方法，也是人人能用的，因为人人能走、人人能用，所以是平常的。我很喜欢《金刚经》的开头："尔时世尊食时，着衣持钵，入舍卫大城乞食。于其城中，次第乞已，还至本处，饭食讫，收衣钵，洗足已，敷座而坐。"这是说世尊也要吃饭，也要洗脚，是平常生活，他要花费很多时间在这上面，为什么我们不觉得世尊吃饭、洗脚是"浪费时间"，那是因为悟道者有平常的一面，他随顺世缘，任运自在。

其实，真正的悟道者是没有"浪费"的问题，他是在每一个当下花费他的时间，正如潭州谭禅师说的两个偈："寂寂无一事，惺惺亦复然。森罗及万象，法法尽皆禅。""一月普现一切水，一切水月一月摄。若人解了如斯意，大地众生无不彻。"

我们还没有到达那样的境界，所以我们对时间、生命、存在应该知所选择，在随缘中不随波逐流，在任运中不放任纵容，我们的生命才不会"漫不经心"地浪费掉。

家舍即在途中

学道须是铁汉，着手心头便判；

通身虽是眼睛，也待红炉再煅。

鉏麑触树迷封，豫让藏身吞炭；

鹭飞影落秋江，风送芦花两岸。

——浮山法远禅师

有一位大学毕业的少女，非常向往记者的工作，于是去投考新闻机构。

她被录取了，但是由于没有记者的空缺，主管叫她暂时做一些为同事泡茶的工作，对一个满怀梦想的大学女生，只为大家泡茶，心里当然非常失望。

不过，她想到公司也不是有意轻视她，待遇也不错，就安慰自己：不用急，将来一定有机会的！于是坦然地去上班，每天为同事泡茶、倒茶。

三个月过去，她开始沉不住气了，心里总是对公司抱怨："我好歹也是大学毕业呀！却天天来给你们泡茶。"这样一想，她泡茶时就不像从前愉快，泡出来的茶也一天不如一天，但她自己并没有发现。

又过了一段时间，有一天她泡好茶端给经理喝，经理喝了一口就大骂起来。

"这茶是怎么泡的，难喝得要命，亏你还是大学毕业呢！连泡杯茶都不会！"

她真是气炸了，几乎哭出来："谁要在这鬼地方继续泡茶呢？"正准备当场辞职的时候，突然来了重要的访客，必须好好招待，她只好收拾起不满与委屈，想反正要离开了，好好地泡一壶茶吧！于是认真泡一壶茶端出去，当她把茶端出去，随身要离开的时候，突然听到客人一声由衷地赞叹：

"哇！这茶泡得真好！"

别的同事（包括骂她的经理）都端起茶来喝，纷纷情不自禁地赞美："这壶茶真的特别好喝！"

就在那一刻，她自己也呆住了："只是小小一杯茶而已，竟然造成这么大的差异，或被上司大声斥骂，或被大家赞不绝口，这茶里显然有很深奥的学问，我要好好去研究……"

从此以后，她不但对水温、茶叶、茶量都悉心琢磨，就连同事的喜好、心情也细心体会，甚至连自己泡茶时的心情状态会带来的结果也了若指掌。很快的，她成为公司的灵魂人物，不久，她被升为经理，因为老板心里想："泡茶时这么细心专心的人，一定是很精明难得的人才。"

这是日本禅师尾关宗园讲的一个真实故事，使我们发现生活中就有不可思议之处，不难了解其中的真意，同样的人、同样的茶可以产生完全不同的结果，造成结果的显然不是人，也不是茶，而是专心的投注和体验的心情。一个会泡茶的人与一般人不同的是，不论喜怒哀乐，他在泡茶时可以完全专心地融入，因此在茶里有了一体、无心之感，风味就得到展现了。

从前，我刚进一家大报馆工作，报社派给我的第一个工作是跑社会新闻，我去找总编辑，和他商量我的个性不适合打杀吵闹的社会新闻，较适合文教、副刊、艺术等工作，听完我的叙述，他笑起来，说：

"没有人天生下来就是跑社会新闻的呀！所以你也可以跑。"

于是我跑过社会、艺术、科技、经济，甚至产业新闻，后来社内权力斗争，我被派到一个非常冷门的单位，一时没有位子给我，我跑去问："我到底可以做什么？"总编辑说："你只要每天按时来喝茶看报纸，时间到了就下班回家，每个月领一次薪水。"我真的每天专心地去喝茶看报，思考人生的意义，不久之后，我就离开报馆了。

"喝茶时喝茶""吃饭时吃饭""睡觉时睡觉"禅师们如是说，里面有深意为焉，分别就在于无心或有心，专心或散心。专心喝茶的人才能品出茶的滋味，无心于睡觉的人才不会失眠，因此，我们遇到人生的转折时，若能无心于成败，专心于每一个转折，我们就可以免除执着的捆绑了。

黄龙禅师说："我手何似佛手？"（没有人天生下来就要成佛的，所以我也可以成佛）"我脚何似驴脚？"（连泡茶这种小事都做得很好，一定是难得的人才）"阿那个是上座生缘？"（成佛或泡茶都是我的本来面目）。这样一参也就如是了。

特别在现代社会，大部分人从事的工作都不是自己热爱的，如果没有一些空间，就会陷入痛苦之境，禅心是在创造那个空间，使我们"家舍即在途中，途中不离家舍"，过一种如实的生活，若能专注地投入每一刹那，每一刹那都是人生的机会！

第五辑

像风一样自由

禅者无他，
只是开发自性，
过一种有创意的生活罢了。

像风一样自由

始随芳草去，

又逐落花回。

——长沙景岑禅师

长沙禅师有一天去游山，回来的时候，首座问说："和尚，什么处去来？"

长沙："游山来。"

首座："到什么处来？"

长沙："始随芳草去，又逐落花回。"

首座说："大似春意。"

长沙说："也胜秋露滴芙蕖。"

这是禅宗史上被称扬不已的一段话。在我们俗人眼中看来，这是答

213

非所问的话，为什么会被称扬呢？那是因为我们总是被名相所困，在生活里有所执着，做什么总有所为，有个目的地。

举例来说，我们如果去游山，就会有个山名在，阿里山、玉山、太平山，然后我们去总有个目的。禅师之所以为禅师，是他们的生命无限自由，他没有道理计较、也没有执着的处所，于是他可以随着芳草前行，跟着落花回来。

始随芳草去，又逐落花回，那境界很有春天的意思呀！不不，也像秋天的露水滴在芙蕖。要知道，春意乃不在芳草与落花之间，春意在心，在不可执着之处。

禅师的心就像风一样，风无形、无色、无所住留，但寒暖自知，如果说风是从什么地方来，要去向何处，就落于两边，失去作为风的自由，悟后的人正是如此，他也游山、散步，但他有心境的自由。

后来的雪窦和尚读到这则公案，写了一首颂偈：

> 大地绝纤埃，何人眼不开？
> 始随芳草去，又遂落花回。
> 羸鹤翘寒木，狂猿啸古台。
> 长沙无限意，咄！

在他的眼中，却看见了芳草与落花大似春意之处，有一只瘦小的鹤立在寒木上，一只狂猿在古台上咆哮，那是因为热闹温和的春天与气氛肃杀的境界无异，都是绝对清明空无的展现，里面有无限的意涵。

我们或者无法像禅师活得那样闲适悠扬，但我们可以有美丽亲近的心来观照世界，当我们体会了"始随芳草去，又逐落花回"的心境，何尝不能感受到风一样自由的气概呢？

净土之风

○三三

　　不知道是怎么飞来的，也不知道是何时飞来的，阳台的砖缝长出了一棵番茄树。在这无土无水的都市阳台，长出一棵番茄树使我讶异，但更令我惊奇的是，这番茄树竟在深秋长出了红艳艳的果实。

　　番茄树的种子如果有选择，应该会选择那些土地肥沃的田园吧！它偶然落在阳台是完全不能选择的。

　　不能选择土地的不只是番茄的种子，荒冢的马缨丹、溪畔的银合欢，杂生在山坡的菅芒、莲蕉，或紫丁香呀！它们也都是飘然地飞来、偶然地生成。

　　植物种子的飞翔是没有自力的，它们努力地生长，到成熟具足的时候，等待着风力或者鸟兽，带着它们起飞，去更远的地方，它们唯一要有信念的就是生长，即使落在最贫瘠的阳台，也结出成熟具足的果实。

　　落在何处，就以最美的状态在何处生长、开花、结果。

从一个大的视景看起来，人的心也渺小如植物的种子，我们当然有"往生"更好的土地的心愿，可是需要等待一种风，让我们与流云飞翔，在远地开花。

我时常在想，我们往生净土就是那样的，我们就以现在的样子去，不必刻意地梳妆打扮，我们只要使自己的种子成熟具足，并信任风就好了。

对净土法门不能深信的人，往往由于难以触摸、难以体验净土是真实的存在，可是这世界的事物何处是真实的存在呢？甚至连我们身边的文明与历史，只有我们肯相信才是真的。你相信台北的信义区从前都是树林与稻田吗？你相信台北火车站正对面以前是瓦房吗？

时间的实相并没有坐标，空间的实相也没有坐标，以我们为坐标，相信的，那才是真的。

我相信阿弥陀佛是真的。

无须等待临终，因为每天的夜晚都是临终，我的喜悦不分昼夜，我的信心又分什么临终呢？阿弥陀佛一定会好好安排我们的，我只懂得相信与持念，让喜悦的莲花开着。

铃木大拙写过一本《念佛人》，其中有一段深深撞击着我：

> 不是我念佛，
> 是佛来碰撞我的心，
> 南无阿弥陀佛。

我想象着一粒番茄的种子，因为对风的信心，因为圆满成熟，所以在贫瘠之地也开花结果，这番茄如果落在肥沃的土地，也如是开花结果。对净土法门有信心的人，不管是投生在红尘滚滚的人间或黄金铺地的净土，必也是那样一如一味，感恩于浮世的，必欢欣于净土。

我是学佛数年后才契入净土法门的，我也常常鼓励年轻人念佛，那是因为体会到人间已经如此繁杂，需要一个绝对纯粹简易的法门，让我们活着心安，死时安心。我虽宣扬净土法门，但对净土是基于信心与体验，并没有研究，所以每次廖阅鹏兄对我谈起净土研究的种种心得，总使我动容赞叹，更坚定我对西方极乐世界的信心。

阅鹏兄那些关于净土的慧见深思不能普为众生共知，常使我感到十分遗憾，如今，他把多年来的净土研究辑为《佛陀的美丽新世界》一书，使这遗憾一扫而空，相信不曾修习净土法门的人，读了这本书将会断疑生信；已经修习净土法门的人，则会坚定信念，一往无悔。

其实，佛陀的美丽新世界到处都有，那浮在莲花瓣的露水，一指即划开土地的新笋，为阳光转动头部的野花，万里飞翔不迷途的候鸟，无心出岫的云，清澈温柔的水……人间里，何处不是弥陀的声音与显现呢？

青青翠竹，皆是法身，南无阿弥陀佛。

郁郁黄花，无非般若，南无阿弥陀佛。

读完阅鹏兄的《佛陀的美丽新世界》，再回来看人间的美丽新世界，就会看见世界的光明与飞跃。

不论阳光，或是黑暗；不论人间，或者净土；只要有六字在心，就会光明无畏。

让一般人摸索口袋，寻找更多的钞票、权势、与名位吧！我们不必摸索，我们的怀中有最尊贵的阿弥陀佛。

我在贫瘠的土地依然生长、开花，是为了让种子成熟具足，等待来自净土的风，凌空一跃。

呀！南无阿弥陀佛。

去做人间雨

有一天晚上，马祖道一禅师带着百丈怀海、西堂智藏、南泉普愿三个得意弟子去赏月，马祖说："这样美的月色，做什么最好？"

西堂智藏说："正好供养。"

百丈怀海说："最好修行。"

南泉普愿一句话也没说，拂袖便去。

马祖说："经入藏，禅归海，唯有普愿独超然于物外。"

（智藏对经典可以深入，怀海会在禅法成就，只有普愿独自超然于物外。）

我很喜欢这个禅宗的故事，在美丽的月色下，供养而使心性谦和，修行提升心灵清净都是非常好的，可是好好地赏月，不发一语，则使人超然于物象之外，心性自然谦和，心灵也在无心中明净了。

因为天上固然有明月皎然，心里何尝没有月光的温柔呢？这是为什么寒山子说"吾心似秋月，碧潭清皎洁"的缘故，也是禅师以手指月，指的并不只是天上之月，也是心里的秋月。心思短促的人，看见的是指月的手指；心思朗然的人，越过了手指而看见天边的明月；心思无碍的人，则不仅见月见指，心里的光明也就遍照了。

僧肇大师曾写过一首动人的诗偈：

> 旋岚偃岳而常静，
> 江河竞注而不流；
> 野马飘鼓而不动，
> 日月历天而不周。

一个人的心如果能常静、不流、不动、不周，就可以观照到，虽然外在世界迁流不息，却有它不迁流的一面；一个人如果心中长有明月，就知道月亮虽然阴晴圆缺，其实月的本身是没有变化的。

在更高远心灵的道之追求，是要使我们能像天上的云一样自由无住，无心出岫，长空不碍，但是当化成一朵云的时候，是不是也会俯视人间的现实呢？

现实的人间会有一些污泥、一些考验、一些残缺、一些苦痛、一些不堪忍受的事物，此所以把现实人间称为"滚滚红尘"，滚滚有两层意思，一是像灰沙走石，遮掩了人的清明眼目；二是像柴火炽烈，燃烧着我们脆弱的生命。每一次我想到作家三毛的最后一部作品叫《滚滚红尘》，写完后投缳自尽，就思及红尘里的灰沙与柴火，真是不堪忍受的。

灰沙与柴火都还是小的，真实的"滚滚"有如汪洋中的波涛，人则渺茫像浪里的浮沫，道元禅师说："是鸳鸯呢？还是海鸥？我看不清楚，它们都在波浪间浮沉。"不管是美丽如鸳鸯，或善翔像海鸥，都不能飞出浮沉的波浪，人何能独独站立于波涛之外呢？

云，是很美、很好、很优雅、很超然的，但云在世间也不是独立的存在，它可能是人间的烟尘所凝结，它一遇到冷锋，也可能随即融为尘世的泪水。

因此，道的追求不是独存于世间之外，悟道者当然也不是非人，而是他体会了更高的心灵视界罢了，这更高的心灵，使他不能坐视悲苦的人间，也使他不离于有情。这是一种纯净的诗情，王维有一首《文杏馆》很能表达这种诗情：

> 文杏裁为梁，香茅结为宇。
> 不知栋里云，去作人间雨。

迈向诗心与道情的人，是以高洁的文杏做成梁柱，以芳香的茅草盖成屋宇，虽然居住于自然与美之中，心里却有问世的意念，想到在栋梁间飘忽的白云，不知道是不是也和自己一样，要去化作造福人间的雨呢？

要去化雨的白云，是体知了燥热的人间需要滋润与清凉的雨，要去问世的高士，虽住于杏树香草做成的房屋，已无名利之念，但想到滚滚红尘，心有不忍。

道心与诗心因此都不离开有情，不是不能离开，而是不愿离开，试想蓝天里如果没有云彩与晚霞，该是多么寂寞。

智者，只是清明；觉者，只是超越；大悲者，只是广大；并不是用皮肉另塑一个自我，而是以活生生的血肉作人的圆满、作心的清明、作环境里的灯火。

在《临济录》里讲到临济义玄禅师开悟以后，时常在寺院后面栽植松树，他的师父黄檗希运问他说："深山里已经有这么多树了，你为什么还要种树呢？"

临济说："一是为了寺院的景色；二是为后人做标榜。"

所以他的师兄睦州对师父说:"临济将来经过锻炼,定能成一棵大树,与天下人作荫凉。"

　　不论多么大的树,都是来自一颗小小的种子,来自一尖细细的芽苗,长成大树的人不该忘记天下人都是大树的种子与芽苗,因此誓愿以阴凉的树荫,来使天下人得以安和地生活。

　　出世的修行,是多么令人向往呀!但是"微风吹幽松,近听声愈好",如果没有化作人间雨的立志,那么就会像一朵云,飘向不可知的远方了。

步步起清风

我很喜欢禅宗的一个公案：

五祖法演禅师门下有三个杰出的弟子，佛果克勤、佛鉴慧勤、佛眼清远，时人号称"三佛"。

有一天，法演带着三个弟子，在山下的凉亭夜话，回寺的时候，灯突然灭了。

在黑暗中，法演叫每一位弟子说出自己的心境。

佛鉴说："彩凤丹宵。"

佛眼说："铁蛇横古路。"

佛果说："看脚下！"

法演当场给佛果克勤说："将来传扬我的宗风只有你呀！"后来，佛果克勤禅师果然宗风大盛。

我喜欢这个公案，原因是它的直截了当，一个人在无灯的黑夜走路，不必思维，只要看脚下就好。其次，我喜欢它的明白平常，简单的三个字就说明了，禅的根本精神是从站立的地方安身立命，没有比脚下更重要的地方了，因为一失足就成千古恨。

"看脚下"虽然如此简明易懂，却意味深长，六祖所说的"密在汝边"，祖师所说的"会心不远"，都是在说明真正美妙的心灵经验，不必到远处去追求。可惜大部分的人，都是舍弃了心灵的空地，去追求远处的境界，那就无法"即心是道场"，不能即刻点起已被风吹熄的烛火，继续前进。

不能看脚下的人，自然不能立定脚跟，这在禅宗里叫作"脚跟未点地"，也叫作"脚下烟生"，一个人的脚下如果生起烟雾，便无法落实于真切的生命，就好像腾云驾雾地过着虚妄的生活。

有时候我到寺庙里参访，在门槛的柱子上，或在容易跌倒的阶梯上，就会看见贴着"看脚下"三字，顿时心里一阵感动，有一种体贴之感，因为那时如果不看脚下，立刻就会跌倒了。

"看脚下"其实包括了禅宗几个重要的精神，第一个精神是要活在当下，不活在过去与未来之中。人生的忧恼，大部分是来自过去习气的牵绊，以及对未来欲望的企图，如果时刻活在现前的一境，忧恼立即得到截断，例如喝茶的时候，如果专注于喝茶，不心思外驰，立刻可以得到专注之境。这不只是开悟的境界，一般人也可以领受和体验。

马祖道一禅师开悟以后，声名大噪，他未出家前结交的几位老朋友，对马祖的开悟半信半疑，于是相约一起去见马祖，并且希望能沿路想一些问题去请教请教。

这几位农民出发不久，就看见一只老黄牛绑在大树上，鼻子穿了一根绳子。黄牛由于不能走远，就绕这棵树行走，最后把鼻子碰在树上，又往反方向绕，越转越紧，又碰在树上，其中一位就说："我们就拿这件事去请示马祖好了。"

再往前走不久，突然看见一只秋蝉飞来，脚跟被蜘蛛丝粘住了，飞不过去，心里一着急，吱吱大叫。蜘蛛看见秋蝉粘在树上，立刻赶过来要吃它，在这生死关头，秋蝉奋力一冲，呼噜一声，离开蛛丝飞走了。其中一位说："我们再把这件事去请示马祖。"

最后，他们见到马祖，第一位就问说："如何是团团转？"

"只因绳子不断。"

"绳子断了，又如何？"

"逍遥自在去也！"

马祖的老朋友听了都很吃惊，马祖明明没见到老牛，怎么知道我们问什么呢？第二位又问："如何是吱吱叫？"

"因脚下有丝！"

"丝断了，又如何？"

"呼噜飞去了！"

马祖的老朋友当下都得到了开启。

使人生不能自在的，是由于过去习气的绳子拉着我们团团转；使我们不能自由的，是情丝无法斩断。如果能回到脚下，一念不生，就自由自在了。

第二个看脚下的精神，是以平常心过日常生活，例如经常教人参"无"字公案的赵州禅师，每每对初来的人说"吃茶去！""吃粥也未？"马祖道一也说："吃饭时吃饭，睡觉时睡觉。"百丈怀海说的："一日不作，一日不食。"都是在示人，以圆融的态度来过平常的生活，而不是去追求不着边际的开悟。

"看脚下"是以平等的态度来对待生活里的一切，不为某些特殊的目的而放弃对历程的深思与体验，在每一个朝夕，都能"不离当处湛然"，如果喝茶吃粥时有湛然清明的心，其尊贵至高并不逊于人间伟大的事功。

《六祖坛经》一开始时就说："于一切时中，念念自见，万法无滞，一真一切真，万境自如如。如如之心，即是真实。若如是见，即是无上菩提之自性也。"

在每一刻的真实中，万法的真实即在其中，"掬水月在手，弄花香满衣"，掬水或弄花是平常而平等的，明月在手、花香满衣就变得十分自然。如果不能善待眼前的片刻，不就像以手捉月、舍花逐香吗？哪里可得呢？

看脚下的第三个精神，是以法为灯，以自为灯，去除依赖的心。

山中的烛火熄了，不仅要照看自己的脚下，还要以自己的眼睛和心灵为灯，小心地走路，这个世界上虽有许多人可以告诉我们远处美丽的风景，却没有一个人能代替我们走茫茫的夜路。

只要点燃心中的灯，一心一意地生活下去，便可以展现充实的生命。一般人无法见及生命的丰盈，不能免于恐惧，只缘于没有脚跟着地罢了。

接着，我们的灯如果燃起，就可以照看到"看脚下"的最高境界，是云门禅师所说的"日日是好日"，不管晴、雨、悲、喜，身心都能安然，甚至于连心痛的时刻，都能知道明日可能没有心痛之境，而坦然欢喜。

"日日是好日"，表面上是"每天都是黄道吉日"的意思，但内在里更深切的意义是"不忧昨日，不期明日"，是有好的心来看待或喜或悲的今天，是有好的步伐，穿越每日的平路或荆棘，那种纯真、无染、坚实的脚步，不会被迷乱与动摇。

在喜乐的日子，风过而竹不留声；在无聊的日子，不风流处也风流；在苦恼的日子，灭却心头火自凉；在平凡的日子，有花有月有楼台；随处做主，立处皆真，因为日日是好日呀！

"看脚下"真是一句韵味深长的话，这是为什么从前把修行人走的路叫作"虎视牛行"——有老虎一样炯炯的眼神，和牛一般坚实的步伐；也叫作"华严狮子"——每一步都留下深刻的脚印。

从远的看，人生行路苍茫，似乎要走很多的步幅；从近的看，生死之间短促，只是一步之间；在每一步里，脚底都有清凉的风，则每一步都不会错过。

那么，不管灯熄灯亮，不管风雨雷电，不管高山深谷，回来看脚下吧！脚下虽是方寸，方寸里自有乾坤。

超群老赵州

没兴路头穷，

踏翻波是水。

超群老赵州，

面目只如此。

——蒙山德异禅师

赵州从谂禅师是禅宗史上非常独出的人物，他是唐代最后一位最重要、也是最伟大的禅师。

赵州有着如活泉喷涌般的智慧，有着甘香的幽默感，以及流动不拘的生命活力。由于他深湛的智慧，在晚年时被称为"赵州古佛""赵州观音"，他自己虽然没有创立宗派，在他之后的所有宗派都以他为智慧之源，以他的风格作为仰仗的力量。他那种"大象不游于兔径，大悟不拘于小节"的活泼乐观的态度，更是影响至深且远。

在禅的公案流行初期，赵州独创了参"无"字公案，认为对塞断情念渗漏、触破无明眼膜，以"无"一字最有效，对于这个"无"字，五祖法演禅师曾颂赞：

> 赵州露刃剑，寒霜光焰焰；
> 更拟问如何，分身作两段。

赵州的"无"字公案后来被许多禅师作为教化弟子的典范，还有他的"麻三斤""吃茶去""庭前柏树子""镇州大萝卜头"等等出人意表的回答，后来也都成为禅者参详的公案。

由于赵州活到很老，有一百二十岁，到他晚年时几乎已成为一座活生生的里程碑，但是他从年轻到老都充满青春的活力，从未改变，我们在他晚年的语录中看到他还是一派天真犹如赤子，真可以说是禅师里的"老顽童"了！他不喜欢被当作偶像看待，只希望平常地生活，在晚年时有一位仰慕他的和尚画一幅像呈献给他，他看了笑着说："且道似不似我，若似我即打杀老僧，不似我即烧却真。"（这幅画如果像我，就请杀了我，如果不像，就烧掉它！）和尚只好把像烧了。

他又喜欢以顽笑的态度来引导别人，有一天，一位女尼来向他请教"密密意"（最内在的真理），赵州伸手就在她身上捏一把，女尼被吓得大叫："想不到你还有这个在！"

赵州立刻回答："是你还有这个在！"

赵州的态度虽然别出一格，但他的教导是非常严肃的，当他出手捏女尼时就知道她必有的反应，而一个尚未看透身心的人如何能懂"密密意"呢？

还有一个公案与前者很相似，有一个和尚要求赵州告诉他禅的大义，赵州却往厕所的方向走，说："我现在去撒尿。想想看，像这样的小事，也要我亲自去办呀！"

禅的大义在自身，不假外求，借着撒尿，赵州给了一个深刻的启示。

有一次，一个老太婆叫人送钱给赵州，请他转藏经，他把钱收下了，下禅床转了一圈，就对那个人说："你去告诉老太婆，藏经转完了。"

有一天他问一位和尚说："一日看多少经？"和尚说："或七、八，或十卷。"赵州说："你还不会看经。"那和尚说："师父一日看多少经？"赵州说："老僧一日只看一字。"

赵州留下许多深刻的故事，教化我们修行者应有直观的风格，不应该陷入语言与形式的窠臼，但修行者也不是不要生活，而是要空其心地生活，在生活中保有觉性、创造力，以及纯真无染的心。当他叫弟子"吃茶去！""洗钵去！"里面涵蕴了极深切的教化与期许。

还有一个故事，我特别喜欢的：

真定帅王公带着孩子来参访赵州，他坐在禅床上问说："大王会吗？"王公说："不会。"他说："我从小持斋，现在老了，没有力气下床。"王公更加地礼敬他。

第二天，王公请手下的将军来传话，赵州下床来以礼相迎。他的弟子感到很奇怪，问他说："师父看见大王来不下禅床，今天将军来为什么却下禅床迎接呢？"

赵州说："非汝所知。第一等人来，禅床上接；中等人来，下禅床接；末等人来，三门外接。"

从这则故事，我们看出赵州超越世俗的广大风格，值得对上逢迎拍马，对下粗声吆喝的人三思。对照他的一句禅语："如明珠在掌，胡来胡现，汉来汉现。老僧把一枝草为丈六金身用，把丈六金身为一枝草用！"更见其中的深意。

赵州有一首偈，说明禅的一切运用，最主要在禅者自然的流露，而不在它有什么形式，正好可以给他极端自由的教化作一个注脚：

> 正人说邪法，邪法亦随正；
> 邪人说正法，正法亦随邪！

禅皮诗骨

松下问童子，

言师采药去；

只在此山中，

云深不知处。

——无本法师（贾岛）

时常有人问我关于文学与禅的问题，大家都知道禅是不立文字、教外别传，因此肯定地说，文学是无法传递禅心或描述禅心的，那么，文学究竟可以做到什么程度？文学里有禅吗？

这问题使我想到唐朝的诗人贾岛，贾岛青年时代出家为僧，名无本法师，他素有诗才，在出家时就写过许多诗歌，后来听了韩愈的话还俗，生活虽然穷愁潦倒，仍然写下许多传世的作品，成为中唐的重要诗人，韩愈曾经写过一首诗推崇他的诗文："孟郊死葬北邙山，日月星辰顿觉闲。天恐文章中断绝，再生贾岛在人间。"对贾岛的称赞可谓到了极致。

贾岛出家的时候住在洛阳，当时洛阳城的禁令，规定出家人午后就不许出寺，贾岛因而写诗自况："不如牛与羊，犹得日暮归。"韩愈读了，很爱惜他的才华，就劝他还俗应举，但他考运不佳，屡次举进士不第，官也做得不如意，唐文宗时被贬为长江主簿，后来又调到四川去做参军，到六十五岁客死他乡。

贾岛的诗以一字不苟、刻苦求工闻名，传说他有一次赴京城考试，坐在驴子上忽然得到两句："鸟宿池边树，僧敲月下门。"一直想把"敲"换成"推"，以致一时茫然失神，冲撞了京兆尹韩愈的车骑，被左右押到韩愈面前，韩愈问明原委，不但没有责备他，还对他说："作敲字佳矣！"——这就是后代的人把写文章用字难以决定叫作"推敲"的来源。

还有一个故事是说，他在一首"送无可上人"里写下"独行潭底影，数息树边身"两句时，自己说："二句三年得，一吟泪双流；知音如不赏，归卧故山秋。"可见他的写作是多么辛苦了。

贾岛写诗认真谨慎的态度，使他虽是中唐的大诗人，但历来的诗评家，却都认为他的诗佳句很多，从全篇看起来，就差了一些。贾岛的诗以五言律诗见长，我们选录几首与禅有关的诗，来看看他的僧人与诗人角色。

宿山寺

众岫耸寒色，精庐向此分。

流星透疏木，走月逆行云。

绝顶人来少，高松鹤不群。

一僧年八十，世事未曾闻。

哭柏岩和尚

苔覆石床新，师曾占几春？

写留行道影，焚却坐禅身。

塔院关松雪，经房锁客尘。

自嫌双泪下，不是解空人。

送贺兰上人

野僧来别我，略坐傍泉沙。

远道擎空钵，深山踏落花。

无师禅自解，有格句堪夸。

此去非缘事，孤云不定家。

题李凝幽居

闲坐少邻并，草径入荒园。

鸟宿池边树，僧敲月下门。

过桥分野色，移石动云根。

暂去还来此，幽期不负言。

不管诗评家如何评论贾岛的诗，我是不喜欢他的诗，一则是他的诗枯槁瘦弱，没有开朗庄严的气概。二则是他的诗都像景物的静照，缺乏活泼的生气。三是他的诗在细节上下苦功，没有大开大合的风格。如果以禅心来说，他这出过家的诗人，还真不如王维、苏东坡远甚！

诗文与禅心之间没有必然的关系，但用文字来写禅意，境界的高低差别是十分巨大的，因而，诗与禅都不可作假，有就是有，如果没有，纵使"一吟泪双流""自嫌双泪下"，也还是没有的。

一个诗人，如果有大智慧，他可以品味体会到禅的境界，虽然他不

能完全作禅的表达，仍然可以为人们开启禅的门扉，禅的门扉正是一种开朗庄严的气概、一种活活泼泼的生气、一种大开大合的风格，如果不能抓到这些气息，则文字的描写不但无法使我们接近禅，反而使我们走向了远离的道路。

文字里可以有禅心，但禅心的得到不是文字所能做到，那就像喝水一样，我们烧水的时候，在火与水之间一定要用锅，把水烧开了，锅也无用了。

那也像在餐厅里叫菜，当我们点过了菜，菜单就无用了。没有菜单，我们很难叫菜，但没有人吃菜的时候，口袋还放着菜单的。

文字也像咖啡中的奶精和糖，只为了让我们能易于饮下咖啡，人要喝咖啡，可以喝纯咖啡不加糖和奶精，也可以加很多糖和奶精，但从来没有人喝咖啡只喝糖和奶精的。

贾岛的诗歌，如果以禅的观点来看，是有锅没有水，有菜单没有菜，有糖和奶精却没有咖啡，读了令人叹息，曾为僧修行的人只能写到这种境界，可见以诗文写禅是多么艰难！因此，要使诗文中有禅，要先有水才准备锅，先有菜才开菜单，先有咖啡再加糖，不能反其道而行。

我觉得，一位有诗骨的人，如果能把诗写到最高境界，正好触到禅的皮；知道了文字的极限，就能触到禅的血肉；体会禅的自由与文字的渺小，则触到禅的骨；只有到了无言的时候，才触到了禅心！

可以儿戏

生来死去空花

死去生来一梦

皮囊付与丙丁公

白骨断桥随众

呵呵呵

明月清风吟弄

——无趣如空禅师

　　有一次与管理专家徐木兰教授一起吃饭，她问了一个非常有趣的问题："好像在印象中，禅宗的祖师都死得很好、很有趣，很少是患病死的，这只是印象，我是学管理的人，凡事都要从科学的角度看，你有没有统计过禅师们死亡的问题？"

"我没有统计过，"我在记忆中搜寻一些记得的情节："不过，一个已经解脱生死的禅师，他们一定既可以活得很好，也死得很好。"

当天晚上回到家里，我就把一些禅宗的典籍拿出来重温，发现了许多有趣的故事。

住在五台山的隐峰禅师死前，问弟子们说："历史上的禅师除了卧死、坐死，有没有站着死的？"

"有。"弟子说。

"有没有倒立着死的？"他又问。

"好像还没有。"

隐峰二话不说，当场倒立，等弟子发现，他已经死了。想把他搬下来，身体坚硬如磐石一样，屹立不动。消息一传开来，远近数十里的人都跑来参观，啧啧称奇，一点也没有悲伤的情绪。隐峰出家前的妹妹听到消息也赶来五台山，责备地说："哥哥生前作怪，死了还在这里作怪。"说完，一推就倒。

像隐峰禅师这样自在来去，当然是很神奇的，不过庞蕴居士一家人的死更有意思。庞蕴是禅宗史上少见的在家居士，全家学禅都得到了证悟。

有一天，庞蕴对女儿庞灵照说："今天中午我就要死了，你到外面看看中午到了没有，进来告诉我！"庞灵照听了跑到外面，庞蕴准备坐具，等着中午坐化。

一会儿，庞灵照跑进来对父亲说："中午快到了，但是今天有日食，看不见太阳。"

"奇怪？这怎么可能？我出去看看。"

庞蕴从坐具下来，跑出屋外看日食，发现屋外阳光普照，知道自己受了女儿的骗，赶紧返回屋里，看到女儿已坐在自己准备好的位子先死了。便笑道："没想到让你捷足先登了。"于是便不死了，七天后，州牧于公来看他，他枕在于公的膝上死了。

住在别处的庞婆，听到老头儿和女儿都死了，赶紧跑到田里通知儿子，庞子正在耕田，听说父亲和妹妹都走了，当场倚锄而化。庞婆看了生气地说："你们都这样乱死一通，我偏不这样。"于是走出家门，不知所终。

庞蕴一家人的坐化，简直像读小说一样，个个都深入"游戏三昧"，把生死看成是一场游戏一场梦了。

还有一位普化禅师，自知归期将至，每天都走到路上叫人布施棺木，别人看他身体强健，到处讨棺木，都不理他。这件事被临济禅师知道了，就叫寺里送他一具棺木，他每天拖着棺木在大街上走来走去。

有一天他绕着街市大叫："临济给我棺木，我要到东门去迁化。"市里的人听了竟相随他出了东门。

到东门外，他对来看的人说："今天我不迁化了，因为看的人太少，明天我到南门去迁化。"

市里的人又跟到南门去看，比几天前还多，他又说："看的人还是太少，改天我到西门去迁化。"

这样连续三天，弄得全市的人都不信了，第四天普化禅师在街上叫，没有一个人跟随他，他独自走到城外，躺入棺中，叫路人帮他钉起来，对路人说了遗言："人都是喜欢热闹呀！"然后迁化了。

普化禅师的行止简直就是街头艺术家，他在那里装疯卖傻地表演，路人都以为他是疯了，他自己却清醒得很，纽约前卫的身体艺术家如果看到普化拿生死来作秀，也要自叹不如吧！

洞山禅师临终的时候，沐浴更衣，敲钟向大众告别，端坐不再呼吸。弟子们发现师父死了，都大哭不止，他突然张开眼睛："你们这么吵，叫我怎么死？出家人要能心不为物染，才是真修行。劳生息死，是人的常情，悲有何益？"说完就不死了，对主事的人说："因为大家舍不得我走，我再和大众共用一次斋饭，就叫愚痴斋吧！"僧众知道斋后师父真的要圆寂，迟迟不办斋，七天后才办好，洞山与大众共食，吃完饭后对大众说："清净一点，不要吵我，做一个出家人，别人临终时，千万不要喧动。"说完，回到方丈室，端坐而逝。

像洞山这样来去从容，死前还要用来教化弟子，可以让我们知道证道者的道风是庄严而有活力的。

在禅宗的典籍里，这种以游戏的心来面对生死的例子很多，船子禅师使弟子夹山开悟时，自己覆船入水而逝。太原孚上座接受陈尚书的供养，有一天对尚书说："明天我讲一遍涅槃经来报答你吧！"第二天升座，沉默良久，挥尺一下说："如是我闻。"乃召尚书，尚书应诺，禅师说："一时佛在。"说完，就坐化了。

"如是我闻，一时佛在！"这种以游戏三昧来现身说法，胜过千言万语。

谁说不可儿戏呢？生活在二十世纪的人生这么严肃、忙碌、无趣，真是需要一点游戏三昧，需要创意、舒坦，活泼的生活态度，禅者无他，只是开发自性，过一种有创意的生活罢了。

体露金风

事理既融，

断灭亦空；

佛自现前，

如日之中。

——苏东坡

一个和尚问云门禅师说："树凋叶落时如何？"

云门禅师说："体露金风。"

我多么喜欢云门的回答，当冬天来临时，树叶全部凋落干净了，树的身体就会露出金黄色的枝干，接受金黄色的和风吹拂了。

虽然，克勤圆悟禅师在《碧岩录》的评唱里说："若是知音底，举着便知落处，你若向云门语脉里讨，便错了也。只是云门句中，多爱惹人情解，若作情解会，未免丧我儿孙。"我仍然觉得云门的回答是非常美的，我们或者不能是云门禅师的知音，也能体会出那意态之美。

不管禅师使用什么语言来开启人的情解，我总觉得禅师的语言中有一种优雅而浪漫之美，似乎是九天外的云朵，悠然地横过湛蓝的天空，"体露金风"正是这样子的，让我们在冬季的枯木中，也看到了辉煌的色泽与生机，那是树凋叶落时，生命的本身并未损伤，只是季节的变异，因而可以用一种坦然而自尊的姿态在风中挺立，当这样挺立时，风也变成黄金的颜色了。

这样说，也是落于情解，不过一个人如果抱的是欣赏的态度，情解又何妨呢？

类似树凋叶落，体露金风这样优美的情境，在《碧岩录》里有很多，例如："云凝大野，遍界不藏；雪覆芦花，难分踪迹，冷处冷如冰雪，细处细如米末。"——当白云在田野上凝结的时候，是丝毫没有隐藏的，当大雪覆在芦花上则难以分辨，人的心性在冷处冷到像冰雪一样，而在微细的地方则纤细到像米的粉末。这是把心性完全形象化，使我们好像看到两幅立体的图绘。

还有一则说："高高群顶立，魔外莫能知，深深海底行，佛眼觑不见。"这是在说明自性的高远、广大、深湛，既能站立在最高的峰顶，也能在最深的海底潜行，这种象征性的说明，使我们仿佛看见了山顶的巨鹰或深水的游鱼，有自由自在放怀的气概。

另外，说到一个人进入开悟之路，《碧岩录》里说："道如斩一缕丝，一斩一切斩。如染一缕丝，一染一切染。"这说明了悟道没有模棱两可的情境，在一缕丝里，要斩就全部斩，要染就全部染。以丝来形容道法，也是意象鲜明，令人印象深刻的。

例如"三界无法，何处求心；白云为盖，流泉作琴"。例如"闻见觉知非一一，山河不在镜中观；霜天月落夜将半，谁共澄潭照影寒？"

例如"明明杲日丽天，飒飒清风匝地"。例如"安禅不必须山水，灭却心头火自凉"。例如"谋臣猛将今何在，万里清风只自知"等等，信手拈来，都是撼动人心的好句，也难怪唐代以后的中国文学受到禅诗禅语的重大影响。

写过许多优美禅诗的苏东坡就曾写过这样的句子："暂借好诗消永夜，每至佳处辄参禅""得句如得仙，悟笔如悟禅"。中国诗歌里较高的境界都使人感到有禅意，我想不只是参禅的影响，禅宗典籍中那些惊心动魄、大开大合的句子多少是有影响的，甚至有些诗人认为好的诗应与禅统一起来。像白居易就说："白衣居士紫芝仙，半醉行歌半坐禅。"

我们可以从开悟来解禅的言句，但我们也可以用文学来欣赏禅师的智慧与风格。禅，不管在心行或文学上都可以开启我们和提升我们，那是由于禅有"向上一路"和"单刀直入"的特质。

"单刀直入"是灵祐禅师的话："单刀直入，则凡圣情尽，体露真常。"

"向上一路"则是宝积禅师的话："向上一路，千圣不传，学者劳形，如猿捉影。"

"单刀直入""向上一路"不只是禅的特质，也使得文学在迂回转折中找到一条清流，我想到禅师常说"杀人刀、活人剑""参活句，不参死句"，在禅语中活转的语言相信可以给文学的语言、思考、境界更多的启发吧！

不与万法为侣

若悟无生理，

三界自消亡；

蕴空妙德现，

无念是清凉。

——庞蕴居士

在禅宗历史上，大部分的祖师都是出家人，但也有不少破格的在家居士，向来被喻为"中国的维摩诘"的庞蕴，就是最鲜明的代表。

庞蕴生在禅风最盛的唐朝，又是马大师（马祖道一）的门下。他去参马大师有一个有趣的故事，他由于祖先数代是读书人，自幼便遍读儒书，少年时代与丹霞天然禅师一起到长安去求选官，在路途中遇见一位行脚僧，三人一起喝茶，那僧人问说："秀才去何处？"

"求选官去！"

僧人感慨地说："可惜许多功夫，何不选佛去？"遂劝他们到江西参礼马祖道一。两人一听，长安也不去了，转到江西去，后来都成为马祖门下的大禅师。

庞蕴见到马祖的时候，问马祖说："不与万法为侣者是什么人？"

马祖说："待你一口吸尽西江水，即向你道！"

他言下领悟玄旨，写了一首偈，里面有"心空及第归"之句，果然是选佛成功了。

庞居士开悟以后为什么没有出家，后来又娶妻庞婆，生下一女庞灵照，一家人都成为禅籍上赫赫有名的人物，这也有一段缘由，有一次石头希迁问他说："你出不出家？"他说："愿从所慕！"于是终身不出家，庞居士所向慕的，自然是《维摩诘经》里那个智慧超凡的维摩诘居士了。

对于出家，他后来有一首偈曾说：

> 出家舍烦恼，烦恼还同住；
>
> 无求出三界，有念则成痴；
>
> 求佛觅解脱，不是丈夫儿。

很显然，他并不赞成形式上的出家，而以断烦恼作为出家的标准。我们从《庞居士语录》可以看出他主张禅要落实到人间的生活，有许多句子读了令人动容，例如：

> 神通并妙用，运水与搬柴。
>
> 如水无筋骨，能胜万斛舟。
>
> 无求胜礼佛，知足胜持斋。
>
> 食饱断虚妄，无相即无福。

好雪片片，不落别处。

这种对生活正视的精神，正是《维摩诘经》里说的："不起灭定而现诸威仪""不舍道法而现凡夫事。"是修行者最可珍惜的一种精神，特别是在家居士，唯有使禅法活在日用事上，才能使人得到自在解脱。

传说庞蕴居士原来家财万贯，开悟以后他雇了船把财富运到大海中倒掉，并说："若以与人，恐人又若我，何如置诸无何有之乡！"然后带着女儿灵照云游各地，父女两人编竹篮维生，一生都住在破旧的草屋里，既不为家累，也不为财累，不恋一物，不着一尘，这种潇洒的生活，他有两首偈说：

> 贫儿虽空手，家中甚富溢；
> 家有无尽藏，不假外缘物。

> 山庄草庵破，余归大宅游；
> 生生不拣处，随处说无求。

这些偈都意涵丰富，不仅说明了他的生活，也表明了悟道者的心境。关于他死时的情景更有趣，有一天他自知时候到了，吩咐女儿去准备汤水，自己沐浴穿好衣服，在床上端坐好了对女儿说："你出去看中午了没有？告诉我一声。"女儿走出去看了一会，回来说："已经中午了，可惜今天是日食！"

"哪里有这样的事？"庞居士跨下床来，走到屋外看，待他回到房里，看到女儿已端坐在床上坐化了。他大笑一声说："俊哉！吾说之在前，行之在后。"（帅呀！我说要先死，却死在后面了。）于是自己延后七日才死。

看到这样伟大的居士典型，使我们赞叹与慨叹，赞叹这"不与万法为侣"的人，终于一口吸尽西江水，心空及第归了；慨叹此后的禅典上就没有这样的居士了。我在读他的语录时，常常掩卷说出两个字：帅呀！